富人思维

ANGEL

（Jason Calacanis）

[美] 贾森·卡拉卡尼斯 著

黄 强译

中信出版集团·北京

图书在版编目（CIP）数据

富人思维 /（美）贾森·卡拉卡尼斯著；黄强译
. -- 北京：中信出版社，2019.1（2023.7重印）
书名原文：Angel：How to Invest in Technology
Startups
ISBN 978-7-5086-9110-7

I. ①富… II. ①贾… ②黄… III. ①企业管理－通
俗读物 IV. ① F272-49

中国版本图书馆 CIP 数据核字（2018）第 136940 号

富人思维

著　　者：[美] 贾森·卡拉卡尼斯
译　　者：黄　强
出版发行：中信出版集团股份有限公司
（北京市朝阳区东三环北路 27 号嘉铭中心　邮编　100020）
承 印 者：唐山楠萍印务有限公司

开　　本：880mm×1230mm　1/32　　印　　张：8.75　　字　　数：174 千字
版　　次：2019 年 1 月第 1 版　　印　　次：2023 年 7 月第 9 次印刷
京权图字：01-2018-4095
书　　号：ISBN 978-7-5086-9110-7
定　　价：68.00 元

目　录

第 1 章　我为什么要写这本书 | 001

第 2 章　来自布鲁克林的穷小子 | 009

第 3 章　什么是天使投资？ | 017

第 4 章　天使投资适合你吗？ | 029

第 5 章　作为一个天使投资人，你是否需要去硅谷？ | 033

第 6 章　硅谷为何如此特殊？ | 035

第 7 章　创业公司融资流程 | 045

第 8 章　没钱如何进行天使投资 | 059

第 9 章　作为顾问的得与失 | 069

第 10 章　从校园直接到天使投资 | 081

第 11 章　如何开始天使投资：联合投资 | 085

第 12 章　第一个月：前十个联合投资 | 093

第 13 章　第二个月：投资人和创业者的 30 天约会 | 103

第 14 章　我经历过的最好和最差的路演 | 111

第 15 章　路演之前该如何准备 | 117

第 16 章 在路演中该如何做 | 119
第 17 章 如何挑选好的创始人 | 125
第 18 章 为创业者准备的四个问题 | 133
第 19 章 深入交流 | 145
第 20 章 如何区分创业者和骗子？ | 155
第 21 章 项目评估 | 163
第 22 章 为什么要写项目备忘录 | 171
第 23 章 如何拒绝一个项目 | 179
第 24 章 尽职调查 | 187
第 25 章 你的第一笔投资 | 199
第 26 章 创业者该如何对待天使投资人 | 203
第 27 章 月度汇报非常重要 | 213
第 28 章 天使投资人难熬的第二年 | 221
第 29 章 勇往直前 | 229
第 30 章 退出机制：伟大的公司是用来买的，不是用来卖的 | 239
第 31 章 找准你的节奏 | 249
第 32 章 何时结束天使投资 | 267

致 谢 | 273

第 1 章

我为什么要写这本书

本书只有一个目的：告诉你如何在 21 世纪挣大钱。

这不是什么秘密，也不是一个系统，所以我不会像你买的那些心灵鸡汤书籍一样写一堆废话。

我只会告诉你，一个来自布鲁克林的差等生，是如何在科技界横冲直撞，碰了七次大运（数字还在增加），挣了几千万美元的。

大部分人都认为我是运气好，也有人说我就是一个彻头彻尾的大骗子，还有人觉得我完全是在炒作。对于这些评价我都不认同——因为我囊括了所有这些。

这将是有史以来最好的一本商业书籍。

本来不应该由我来写这本书，但最终我还是写了。我本来是这个圈子的局外人，但最后我成功了，让我来告诉你我是怎么成功的。

就像别人震惊于我的成就一样，我自己也惊讶，这真是一个不可思议的故事：一个护士和调酒师的儿子，曾眼睁睁地看着穿着作战服的联邦调查局官员荷枪实弹地冲进他的家里，夺走了他父亲的酒吧以及家里的一切，就像电影演的那样。他跨过大桥前往曼哈顿谋生，最终在西海岸发家致富。

美国梦

美国梦依旧存在，只是没有以前那么容易实现了。

20 世纪，我们的父辈们依靠蓝领以及白领工作实现了他们的价值，但现在机器人正在抢夺这些工作岗位。机器人能够不眠不休，并且以指数级的速度提升自己，但我们人类受困于生理及精神方面的限制，只能勉强跟上。

大部分人都受到影响。

但既然你拿起了这本书，那说明你很想学习如何进行天使投资，我相信我一定能帮助你提高投资的胜算。

这个世界正逐渐被少数强大、聪明，知道如何制造机器人、平板电脑或者设计软件的人所控制。但不要放弃治疗，请继续读完本书，我将为你介绍在这个百年难遇的机遇中如何从这些数字达人、社会精英以及金融奇才手中分一杯羹。

不错，就像其他的投资类书籍一样，我也有自己的投资模式，但与其他人有一个最主要的区别——我的投资模式是具有前瞻性的。

所有这些书，包括很多伟大的作品，都只是告诉你如何通过掌握交易技巧，或者通过诸如找到合适的人上车（同时让不合适的人下车）[①] 等管理技能来挣钱，但他们所说的这些都已经成为历史了。

相对于几十年之前，这个世界在过去的十年中已经发生了天翻地覆的变化。

这可不仅仅是在主题演讲或者晚宴上抖的机灵包袱。这是无可争议的事实。

我们已经看到互联网、智能手机、传感器、生物技术不仅给普通人带来了巨大的变化，同时也深刻地影响到了这些领域的从业者——极大地加快了工作的节奏。

我可以为你列出一系列激动人心的突破性进展来证明现在世界发展是多么的迅速，但我觉得让本书经受时间的检验更合适。事实告诉我们，类似于计算机击败人类棋手、免费的百科全书、无人机以及无人驾驶汽车、机器人打赢战争这些科幻小说里的情景将变得比比皆是，不再仅仅是科学幻想。

我知道这些是因为一些过去投资了大项目的顶级投资家让我去寻找下一个大事件。我一直走在商业与技术的前沿。

作为一个天使投资人，我的工作就是当别人都不相信你的时候对你进行投资——这可是世界上最让人血脉偾张的赌博。

---

① “Getting the right people on the bus (and the wrong ones off)”是美国管理学家吉姆·柯林斯（Jim Collins）在其著作《从优秀到卓越》（*Good to Great*）中提出的观点，认为好的领导人应该是先找到合适的人，再决定做什么。其实这个观点与本书作者的投资观点有异曲同工之妙：投资企业，最重要的是投资创业者。——译者注

每周我都要与十几个满脑子疯狂想法的梦想家见面，他们想要我给他们投钱、给他们建议，或者想进入我的人脉圈子——当然，大部分时候都是要钱。

通常我都是给企业投“第一笔钱”，当优步（Uber）、Thumbtack（美国的一家本地交易服务平台）这些企业估值只有四五百万美元的时候，大部分人都不愿意给它们投钱，我都愿意冒险作为第一个投资人对它们进行投资。

2017 年我给 Cafe X（一家生产机器人咖啡师的公司）投资了 75 万美元。这家公司的产品能够降低咖啡店最昂贵的两类费用：房租和人员费用。

当创始人把他们在香港一所大学做的原型录像发给我时，我答复他们说：“这是在开玩笑吗？”

他们说：“这不是在开玩笑，我们是认真的。”于是我邀请他们到我的孵化器来，花了三个月时间对产品进行优化，帮助他们做出成品。然后我把他们介绍给我那些有钱的、有影响力的朋友，这些人很多时候也嗜赌成性，并且非常自恋，他们经常会为初创公司投资几百万美元。

如果 Cafe X 成功了，我们将会把每杯拿铁的价格降低到 2 美元，并且每次都能做出完美的咖啡（因为电脑永远不会忘记你的咖啡需要多少泡沫），并且能让你的等待时间从 5 分钟以上减少到 30 秒以内（这些机器可以通过定位你的手机，当你还有 90 秒到达咖啡店的时候就开始调制）。

以后城市各个角落的星巴克咖啡馆，将会被每栋大楼大厅里面的 Cafe X 机器所取代。

相比于以往咖啡馆每天只能提供 14 小时的服务不同，这些机器人能够每天 24 小时地为我们提供服务。

Cafe X 以及其他创业公司将会剥夺数以百万的工作岗位，例如那些站在吧台后面进行重复动作的调酒师们和咖啡师们。

未来怎么工作，怎么挣钱

到目前为止，如果你认为我是一个可怕的、肆无忌惮的怪物的话，那你只对了一半——其实我还是一个人文主义者，我也在不断思考如何能够让我们的孩子们从事一些更好的工作。

我们越快把人类从这种低端的、重复的、枯燥的工作中解放出来，就能越快让人类去从事一些更伟大的事业，如地球的可持续性发展，或者如何成为星际物种（multiplanetary）①，或者思考如何消灭世界上各种欺凌弱小的恶势力。

当然，我也可能是错的。

当我们失去了这些工作之后，整个世界也许会陷入一个全球版的“占领华尔街”运动，一群有想法但是没有组织的嬉皮士以及年轻人盘踞在大街上，呼喊着口号“不能再这样下去了！不改变我们

① 2016 年 9 月 28 日，在第 67 届国际宇航大会（IAC）上，SpaceX 公司（美国太空探索技术公司）CEO 埃隆 · 马斯克（Elon Musk）发表了《让人类成为星际物种》（Making Humans a Multiplanetary Species）的演说，介绍了人类移民火星的计划。——译者注

就不离开！”

当然，当经济反弹后，他们获得了不错的工作并且有了免费的食物，优步拼车为他们提供了私人司机。权衡得失之后，他们才意识到这一切真是太好了，他们不再需要去包围纽约市市长迈克尔·布隆伯格（Michael Bloomberg）的房子，也不需要去占领高盛公司的大堂。

坦白地讲，我认为我们应该有七成的机会解决好这种巨变带来的问题，而无须像希腊、埃及或者任何失业率超过 20% 的国家那样引发极端的街头革命。

在这样的未来，我不会进行投资，因为我只想坐在象牙塔里，笑看那些丢掉了工作的人。但这样的未来我觉得又是不可避免的，我觉得自己可以帮助到那些创业者以及创新者们，他们都是传道者，而不是唯利是图的人。当然，我也能从这些变革中大赚一笔，但更为重要的是，以后当我回首从前的时候，我能自豪地知道自己曾经推动了让我们的世界变得更好的变革。

逃离“矩阵母体”

如果你坚持读到了这里，那么恭喜你！你选择了红色的药丸①，你已经迈出了了解残酷真相的第一步：在你的一生当中，这个世界将会发生翻天覆地的变化。

① 《黑客帝国》中，墨菲斯给尼奥两片药丸：蓝色代表“保持现状，继续沉沦于虚幻世界，认为看到的只是做了个梦”，红色代表“逃离此刻身处的世界，去探索真相”。——译者注

就业大灾难即将到来，不仅仅是因为我投资的机器人咖啡师，绝大部分我们一直追求的白领职业也将消失，如律师、医生、教师、会计、飞行员、记者，甚至软件工程师。

没错，现在世界上最有前途的工作可能是软件工程师。我刚投资了一家试图消灭软件工程师的公司，你可以对着这家公司的产品说“为我开发一个这样或者那样的软件”，而不需要你自己去一行一行地编码。

如果你看到这里还没有感到恐慌的话，那让我来告诉你我现在正在寻找的下一个投资产品：能够研究人类以及生产机器人的人工智能机器人。

写这本书的时候我还没有找到，但当你读完这本书的时候，我可能会找到。能自我复制、进化的机器人即将到来。

当这一切发生的时候，每个人都得自求多福。

顺便说一句，很多富人已经开始为这种情况做准备了，他们在偏远的地方，如怀俄明州或者新西兰，购买岛屿或者大农场，不需要任何水电等公共设施——完全使用太阳能、净化海水，并且修筑防御工事、装备各种武器。[①] 这些都是真的，我不是在开玩笑。

没错，这些末日准备者都是亿万富翁，而不仅仅是一些乡巴佬。

一场黑天鹅的大风暴即将到来，本书将告诉你的不仅仅是如何生存下去——而是如何伫立在潮头浪尖之上。

---

① 欧逸文（Evan Osnos）在《纽约客》上发表过一篇专栏文章“Survival of the Richest”（超级富豪的生存），详细描述了美国的超级富豪们如何在为末日生存做准备。对这段有兴趣的读者，可以阅读这篇文章。——译者注

第 2 章

来自布鲁克林的穷小子

天使投资是赌博吗？

科技界一直在讨论，天使投资是赌博还是真实的投资，这主要取决于你怎么做。每年我都会投资 40 个项目，希望总的收益能够超过总的投入。

在我六年的天使投资生涯里，总共投资了不到 1000 万美元，但是现在我的投资组合价值超过了 1.5 亿美元，收益是投入的 15 倍。

对于一个来自布鲁克林的孩子来说，这是十分令人兴奋的，毕竟他的父母差不多一辈子都在为了挣钱而操劳。

但更令人兴奋的是，我的大部分投资都是发生在过去的三年（实际上，1000 万美元中的 900 万美元都是过去三年投的）。

如果你仔细捋一下我的经历，在我作为天使投资人的第一年，我投资了 5 个项目，加起来还不到 10 万美元，但幸运的是，我碰到了迄今为止收益最大的两个项目——优步和 Thumbtack。

实际上，我前两年的投资回报率是 1500 倍。

这些创业公司需要十来年的时间才能胜出，所以没人确切地知道我以后将在天使投资“名人堂”的位置——如果有这样的名人堂的话，但可以肯定的是，我能在有史以来所有天使投资人中排进前十。

我以“买彩票”为生，但与大街上那些普通的人不一样，我只买奖池中胜率最高的那百分之一的彩票。

如果说你要 7 个号码全中才能赢的话，我只要中 2 个就可以。

我自己已经弄明白了这个赌桌的原理，在本书中我将为你进行详细的解释。我能够控制赌桌上的轮盘，我所下注的数字的胜率通常比你高 10 倍。

每次我手上的第一张底牌都是黑桃 A，那我底牌拿到一对 A（最好的起手牌）的概率就是 1/17，而你拿到一对 A 的概率只有 1/220。

你是不是已经无话可说了，对于我自己一生取得的成绩，我还是挺激动的。对不起，我听起来像一个什么都知道的、令人讨厌的自恋狂，不过我确实已经搞懂了天使投资这件事。多年以来，总有人要我写书，但我总是告诉我的经纪人“等我再成功一个项目”。

红杉资本的“猎人计划”

对优步的投资就是“再一个成功的项目”。当《华尔街日报》

做了一个封面报道，把我称为红杉资本（Sequoia Capital，世界上最著名的风险投资公司）的第一个投资猎人[①]时，一切都被公开了。

没错，很多投资了诸如苹果、谷歌、思科、雅虎、YouTube（优兔）、Airbnb（爱彼迎）、WhatsApp（瓦次普）以及其他很多公司的杰出风险投资家（VC）开启了一个名为“天使猎人”的项目，我是第一个被选中的人。

猎人计划的理念很简单：红杉资本会十分仔细地挑选科技公司的创始人作为天使猎人，然后为他们提供资金去支持他们熟悉的创始人。

收益的分成是这样的：45% 的收益归进行投资的猎人，50% 的收益归红杉资本，5% 的收益放入奖金池，用来支持其他的猎人。

对于猎人们来说，这是一笔不错的买卖，因为类似红杉资本这样的风险投资公司在用别人的资金投资时，它们通常只能拿到收益的 20%~30%。

我感觉这些猎人不怎么在乎如何分成，因为我们是一群非专业的投资者，我们能完成本垒打的机会很小，更不用说大满贯了。对于红杉资本来说，天使猎人计划只是它了解早期项目市场的一种方法而已。

来自布鲁克林的小子幸运地被商界最聪明的一群人选中了，我

---

① 投资猎人，又称为代理投资人，是风投公司有时为了避嫌或者方便经营等原因雇用的代替公司进行投资的人。这些投资猎人很多都是业界的知名人士，包括科技公司的高管、创始人、大学教授等。——译者注

的工作就是寻找下一个大项目。这就好比乔治·史坦布瑞纳[①]打电话问我：“你愿意帮助扬基队再赢一次世界大赛吗？”

天哪，当然没问题！

我的财富梦想

我小时候总是梦想自己有一个银行家或者亿万富翁的父亲，能够进哈佛，能够有一个信托基金。不过现实刚好相反，我父亲差点就进了监狱。

我曾经梦想过在那样的环境中生活：有人给你付大学的学费；有人送曼哈顿的公寓给你做礼物；你只要在感恩节围着父母撒娇15分钟，就能拿到10万美元进行商业投资——就像很多我的朋友一样。

但我不曾有过这样的待遇，这让我很不舒服。

晚上10点，当我坐在地铁B号线，从福特汉姆大学（Fordham University）林肯中心校区回到我那个位于第十街区、月租300美元、只有在走廊里才能直起腰的阁楼时，我会反问自己：“变成有钱人会是怎样一种体验？”

如果ATM机上显示我的银行卡里面有10万美元，而不是100美元，那又会是怎样的一种体验？

如果每天的生活都不要为了钱的事情操心又会是怎样？上大

① 乔治·史坦布瑞纳（George Steinbrenner）是美国职业棒球大联盟纽约扬基队的老板。——译者注

学的时候我很穷，知道怎么把一分钱掰成两半花。每天晚上我都会怀揣着 2 美元以及两张优惠券去曼哈顿，在中央公园旁边的一个热狗摊填饱肚子。摊主一个馅饼只收我 0.5 美元，卖给别人都是 0.75 美元。

每天去的时候我会花 0.5 美元买一个面包圈，再买两个馅饼当午饭，如果我没有为了在课堂上提神把剩下的 0.5 美元买可乐的话，回家的路上我会再买一个馅饼。

当你穷困潦倒的时候，在曼哈顿街头看着你周遭的富人，难免会让你感到好奇："这些人是怎么发家致富的？"

"把你所学传于后世"①

所以我认真地研究挣钱的各种方法，试图找出一种最有效的办法。我相信自己找到了，那就是对科技公司的天使投资。在接下来的章节里，我将对你们倾囊相授。因为如果你们当中能有一两百人成为天使投资人的话，那将影响到整个社会。另外我们也可以一起投资（第 11 章将详细介绍）。

即便只有一个人看了本书成为天使投资人，并投资了一个能改变世界的伟大创业者，那我们至少也曾一起为这个世界带来过影响。

万一本书让 25000 人成了天使投资人，那我们将改变一切。

① 这句话出自电影《星球大战》系列中的一个人物尤达大师之口，他在弥留之际对卢克说："你们家族对原力很有天赋，把你的所学传于后世。"——编者注

现在世界上有几十万亿美元沉淀在债券、股票、房地产市场或者现金上，这些都是“死钱”。就那样躺在那里，虽然很安全，但是增值很慢。虽然没有什么风险，但是也不能为世界带来改变。

如果我们能把这些钱投入一些疯狂的试验中，例如下一个特斯拉、谷歌、优步、Cafe X 或者 SpaceX，那是不是更有趣呢？

写这本书的时候我 45 岁，我计划再做 5 年的天使投资人，这是我十年计划的一部分。

我还要再投 200 个项目。我已经投了一些，现在轮到你了。当我完成我的十年计划时，我将投资 350 个创业公司，我的目标是以 2500 万美元的投入获得 2.5 亿美元的收益，现在我已经完成了目标的一半。

不赌一把，就没有未来

赌博是一个负面的词。当我在拉斯维加斯与一群亚洲老男人整晚玩扑克的时候，经常听见他们大声说“不赌一把，就没有未来”，然后把他们的筹码推到赌桌上，站起来奋力地揉着自己的脖子和头（我的脖子都不由得抽搐两下）。

去了几次之后，我才知道这些人在说什么，但是很快我自己也开始自言自语了，不管是不是在赌桌旁。

不赌一把，就没有未来。

如果你能从本书学到什么的话，那就是作为天使投资人，你必须承担风险。在生活中如果你想获得超额收益的机会，也需要承担风险。

这并不是说你不需要谨慎，事实上刚好相反。对于天使投资，我经过了反复的研究，我知道自己相对于其他投资人来说有哪些绝对优势。

在后面的章节里，我将逐一介绍我的这些绝对优势，这样你就可以更加明智地进行投资，或者仅仅是比其他人更明智点。如果你玩过扑克的话，那就应该知道这一点是赢钱的关键。

在牌桌上如果你找不出谁是肥羊（sucker），那你就是那只肥羊，这个时候你最好换一桌或者找出对手的弱点。这也许会花费时间，但是生命中任何有价值的东西都需要花费时间和精力。

写给那些真正的圈外人

尽管我认为自己只是投资的圈外人——一个来自布鲁克林的底层孩子，没有上过斯坦福——但事实上，我比大部分美国人更接近这个圈子，更不用说那些发展中国家的人。

我出生在纽约的一个白人家庭，出生也恰逢其时。我 13 岁那年就拥有了一台价值 1000 美元的电脑以及一个 400 波特的上网猫，凭借电脑技能我挣到的钱够我去一所不错的大学上夜校。如果我没有这台电脑，也许我会成为一名警察（这是我真实的故事）。

那些生活在美国小镇的穷人，买不起那台 IBM PCjr[①]，当然就不可能有我这样的起点。另外美国社会中还有一些更突出、更复杂的

① IBM PCjr（PC junior），是 IBM（国际商业机器公司）于 1984 年推出的一款面向家庭和学校市场的低端个人电脑产品。——译者注

性别和种族歧视问题，这些我都不需要面对。

我写这本书是为了给那些圈外人提供一本指导手册，能让他们的投资之路稍微平坦一点，尽管我没有足够的智慧来理解或者帮助解决更深层次、更系统的问题。

第3章

什么是天使投资？

天使投资简介

天使投资是指在私人创业公司的最早期阶段进行投资、以期获得回报的商业行为，这种回报要远远高于安全系数更高、更成熟的投资工具。

天使投资人投资企业的时间通常都不超过三年，这些企业几乎没有什么市场吸引力，还在寻找我们称之为“产品市场契合点”（product market fit）的东西。如果这些企业不是看起来那么疯狂的话，那么每个人都会想对它们进行投资，这样就不需要天使投资人了。实际上，之所以使用“天使”这个词，是因为我们在创业者最需要的时候对他们进行投资，这个时候还没有其他人相信他们。

产品市场契合点以及退出

产品市场契合点是指创业者提供的产品，不管是优步的出行共享 App（应用软件），还是 Instagram（照片墙，一款社交应用）的相片过滤器，都能找到一群喜欢它们的用户。如果有一大群人很喜欢某个产品，那创业者就有了坚实的基础来解决接下去的挑战：扩张和变现。当然，这并不是充分条件。

当创业者找到如何用他们的产品挣钱的方法，并把客户群扩展到一个合理的规模时，那就面临两个选择：被更大的公司收购，或者上市。

这两个选择在天使投资领域被称为“退出”，因为这个时候你就可以兑现你的收益：现金或者股票。

如果一家公司没有风险投资，那它可能会产生持续的盈利，从而为投资者分红。但是天使投资人或者风险投资人都不喜欢这样的方式，我们希望退出并兑现收益。

但是，我投资的大部分公司都没有能迈过第一个坎儿——找到产品市场契合点，更不用说进行扩张和变现。不过这也很正常。

没风险就没收益

现在你也许会问：“那你们为什么不直接投资那些有产品市场契合点、有盈利模式，并且已经扩张到百万客户的公司呢？”如果一个公司已经达到了这个阶段，那它很可能已经上市了！

当你有了可预期的收益，就可以吸引源源不断的资金。但如果你是刚刚起步，那你就只能吸引那些狂热的、冒险的天使投资人的资金。

随着用户以及盈利的增加，公司的估值会变得简单，能够用一些固定的方法来进行估值。但是当你的公司只有两个人以及一个产品原型的时候，估值就只能靠猜了。

例如，20 世纪 80 年代的苹果和微软，以及 21 世纪初的谷歌和脸书（Facebook），都曾经是私人公司，只有很小的团队、不知名的产品以及很小的客户群体。当它们很弱小的时候，它们都是风险很高的投资标的，估值也很低。

非常著名的例子有：迈克·马克库拉（Mike Markkula），当初给苹果公司投了 25 万美元，获得了公司 1/3 的股权，在公司的员工号是 3；安迪·贝托尔斯海姆（Andy Bechtolsheim），美国太阳微系统公司（Sun Microsystems）联合创始人，在谷歌公司成立之初为其投资了 10 万美元；彼得·蒂尔（Peter Thiel）在脸书估值只有 500 万美元的时候投资了 50 万美元。

这些狂热的、冒险的投资者最后都赌赢了。

“你只需要对一次”①

我的成名之作是，在优步估值大概 500 万美元的时候为其投资

① 这是著名投资人马克·库班（Mark Cuban）的一句话。马克·库班是 Broadcast.com 网络公司的创始人，1999 年以 59 亿美元把公司卖给雅虎，目前是 NBA 达拉斯小牛队老板。他的原话是“你失败多少次都无所谓，只要对一次就够了”。——译者注

了 2.5 万美元，现在优步已经估值高达 700 亿美元。当我投资的时候，优步还只在一个城市运营，只注册了几辆汽车。公司能否扩展或者盈利都还是个未知数，但是我知道公司的创始人是个特别有进取心的人，我个人对这个产品也很喜欢。在我看来，优步至少对于 10% 左右经常打车的人来说是很好的产品，特别是大城市里的商务一族。

这对于我来说就已经有了足够赌一把的理由。

我邀请创始人参加我举办的一个名为“开放天使论坛”的活动，这个活动邀请了十几位投资人来听取 6 位创业者的介绍。特拉维斯 · 卡兰尼克（Travis Kalanick）演示了他们的产品，当场就有三位投资人决定投资：塞恩 · 巴尼斯特（Cyan Banister）、首轮资本公司（First Round Capital）以及我。

很多其他专业的投资人都错过了优步，直到今天每当他们看见我时，都会让他们想起这个投资生涯中最大的失误。那天晚上我邀请的一些客人对其他 5 家创业公司进行了投资，但现在我都已经记不起这些公司的名字了。

几乎可以肯定的是，优步也将是我们 3 个投资人一生当中做得最好的投资，简直就是本垒打中的本垒打。没有这一笔投资，我就不会写这本书。

这就是为什么我认为如果你想创造财富就应该考虑天使投资。如果你能战胜恐惧，不要总想着做错了会怎么样，而是多想想如果做对了会如何，说不定就能改变你的生活。

虽然你可能不会像我那样获得 5000~10000 倍的收益，但如果你来到硅谷，坚持几年，投资 50 或者 100 个项目，那你的回报大于你的投入的可能性是很大的。

即便你投资了 100 家创业公司还仅仅是收支平衡，你在这个过程中也会与这个世界上最有创造力、最雄心勃勃的人打交道，建立一个很好的人际关系网，并从他们身上学到很多东西。

与此同时，你还有机会中大奖，让你的财富增长 100~10000 倍。

虽然对于每一个项目都进行投资是不现实的，但如果你连其中的 100 个项目也不愿意投的话，就有点不明智了。

天使投资 vs 传统投资

目前世界上传统的最安全的投资工具包括债券、黄金、ETF（交易型开放式指数基金）以及共同基金等。相对于天使投资来说，这些投资产品都被严格监管，安全，收益可预测。大家公认，美国股票市场的年平均收益在 7% 左右，这样你就需要 10 年的时间才能让你的资产翻倍。

当我写这本书的时候，政府债券正处于其历史低点，收益率每年只有 2.4%。大概需要 30 年才能让你的资产翻倍。

人们到处寻找投资收益，但是获得收益越来越难，希望用来投资的资金却越来越多。

我希望能给你画个图来展示一下天使投资的收益，但是很难做到这一点，因为挣到钱的人都不想曝光。假如你找到了一个秘密的钻石矿，能够给你带来几千万美元的收益，你愿意分享它的位置吗？当然不会。

如果你只是想每 7~10 年把你的资产翻一倍，那你最好的选择是投资一些低费率的指数基金组合。事实上，我作为股东的一家创业公司 Wealthfront 可以让你做到这一点，它的软件只收取 25 个基点（BPS，1 个基点是万分之一）的手续费，比一般的财富管理公司收取的费用低得多。

如果你使用机器人投资顾问，每年你就不需要与那些烦人的、狡猾的财富经理去吃几次饭——当然，这是句玩笑啦。

但是，使用这些投资工具，你的财富将永远不能有 100 倍、1000 倍或者 1 万倍的增长。

天使投资是高风险、高收益。

事实上，这是世界上风险最高的投资，比拉斯维加斯牌桌上的赔率还高，像 21 点或者轮盘赌的输赢概率差只有 5% 左右。

虽然 5% 的输赢概率差看上去不是很多，但当你坐在赌桌旁四五个小时，就会看到你的筹码慢慢地减少。赌场很清楚这一点，所以当它们掏空你的钱包时，至少还会为你提供一些娱乐。所以我在拉斯维加斯从来不能获得免费赠送的东西，我不会在牌桌旁待很久。另外我主要玩扑克，这是赌场输钱的主要项目。

如果你去轮盘赌桌旁押注红或者黑，你赌资翻倍的概率要稍逊于 50%，因为轮盘上除了红色和黑色，还有那些该死的绿色数字，这就是为什么赌场赢钱的概率要高于扔硬币的概率。既然有一种可预测的方法让我们的资金翻倍，就像指数基金或者轮盘赌，那我们为什么还要把钱投资到不可预测的创业公司呢？

答案很简单：当你参与投资的创业公司成为独角兽时（市值10亿美元）你就可以获得足以改变人生的财富。

典型的天使投资方案

下面我们来做做数学题。在美国，一个“合格投资者”（accredited investor），在美国证券交易委员会（SEC，Securities and Exchange Commission）看来，意味着你足够聪明，可以投资风险非常高的产品，如创业公司。

根据美国证券交易委员会的标准，合格投资者要满足如下条件：

- 过去两年，每年的收入连续超过20万美元（或者夫妻两人总收入超过30万美元），并有望将来继续保持同样的收入水平；
- 个人（或者夫妻）净资产超过100万美元（不包括正在居住的居所）。

下面将介绍一位拥有250万美元净资产的合格投资者如何进行天使投资。如果你的净资产远低于这个数，也不用担心，后面的章节将告诉你如何利用少量的资金参与天使投资，下面的这些介绍对于你也同样重要。

在我们这个假设中，如果在你的银行账户里面有250万美元现金，你把它们都投资到税后平均年化收益率7%的基金，那么每十年你的资产会翻一倍。

如果你拿出净资产的10%，也就是25万美元，进行天使投资，每个企业投资5000美元，这样你就可以投资50个企业。

如果这50个企业中有一个市值达到100亿美元，那么你在这家公司市值500万美元的时候投入的5000美元，就可以获得1000倍的收益，那意味着你将会获得500万美元。

你可能在创业公司天使轮阶段买到了它1‰的股权，那么在这家公司上市或者被收购后，你就拥有了它1‰的股份。

但是，还有一个问题。当公司把股份卖给更多的其他投资者时，你的股份有可能被稀释。稀释的影响可以通过在以后的投资轮中同比例跟投来消除。

同比例跟投意味着在公司随后的每轮融资中，你都投入额外的资金以保证你在公司中的原始股份比例不变。通常来说这都是一个不错的方法，但如果你遇上一只超级独角兽，那投资将非常大。

在我们这个假设情景中，如果你没有行使你的同比例跟投权，随着时间的推移，你的股份可能将被稀释掉50%。这意味着你最终只拥有万分之五的股份，也就是这家估值100亿美元公司的万分之五，250万美元。

通过对独角兽（也就是估值10亿美元的创业公司）的简单调查，我们发现目前有十几家独角兽公司，或者说每年可能产生两家独角兽公司。在过去的十年间，产生了十几家十角兽公司（估值100亿美元及以上的公司），包括优步、小米、滴滴出行、Airbnb、

Palantir（一家大数据公司）、Snapchat（色拉布）、WeWork（总部位于纽约的众创空间）、SpaceX、Pinterest（美国一家图片分享类社交网站）和 Dropbox。大概每十年左右就能产生一家 1000 亿美元的公司，包括苹果、思科、微软、谷歌和脸书。

现在再来看看如果你没有碰到一家独角兽的情况，你 70% 的投资资金都打水漂了。我在我的前 50 个投资中，抓到了三家独角兽（其中两家独角兽都是在我的前五个投资里面）。但我们假设你的运气真的很差，一家独角兽都没有碰到，这样你的 35 个投资（50 个投资的 75%）都化为乌有，每个 5000 美元，也就是你投入的 25 万美元中的 17.5 万美元灰飞烟灭。但是，这只占你总资产 250 万美元的 7%。

我觉得 7% 的净资产损失对于你来说，应该还是可以接受的。这并不是什么大不了的事——对你的生活应该没什么影响，但是你得到了 50 次获得高额回报的机会。

如果后面的 15 个投资能够获得一些收益，那 7% 这个数字还能降低。例如下面的一些假设：

- 有 5 个投资能够刚好回本，那你能收回 2.5 万美元；
- 有 7 个投资能够获得一倍的收益，那你又收回 7 万美元；
- 这样你就只损失了 14 万美元，也就是你总净资产的 5.6%。

如果另外 3 个投资做得很不错，顺应了技术的发展方向，例如：

- 一个投资的收益是 5 倍，也就是 2.5 万美元；

- 另外一个投资获得 10 倍收益，也就是 5 万美元；
- 最后一个是 20 倍收益，也就是 10 万美元。

现在，不需要复杂的计算就可以知道你已经收回了 28.5 万美元，净赚 3.5 万美元。

如果你有 250 万美元的净资产，并且想成为一名天使投资人，基本上极端情况下，最差的时候你有可能损失净资产的 7% 左右，但是一般损失应该是 1%~3%，盈利 20%。

对于我来说，这是一个很大的下跌风险保护。这等于是说赌场给你保证，你只要承担 7% 的损失风险，就有可能获得 1000 倍或者 1 万倍的收益。除此之外哪里还有这样的好事 ?!

当然，你有可能弄砸了，所有投资都颗粒无收，因为你是在投资不确定性非常高的私人公司。如果你不能容忍损失所有的投入，那我建议你现在可以不用继续看这本书了。

有哪些缺点?

你需要找到 50 家优秀的创业公司进行投资，我平均需要看 100 个项目才会投资一个。这就意味着 5 年内你需要看 5000 家创业公司，也就是每周要看 20 家公司，每周你至少需要耗费 20~30 个小时。

如果你想参与到这项投资中来，那这就是你必须做的事情。

我将为你介绍如何做这些工作。

在第 11 章，我将告诉你如何找项目流（deal flow），如何找到创业者；在第 17 章，我将告诉你创业者需具备什么样的特质；在第 18 章，我将告诉你在与创业者会谈时，你需要问哪些问题。

第 4 章

天使投资适合你吗？

资金、时间、人脉以及专业知识

为了成为一个成功的天使投资人，你需要有资金、时间、人脉或者专业知识。

请注意，你并不需要具备所有这四点。我碰见过一些没有任何经验的富二代小孩，他们唯一的优势就是投胎技术好，这些小孩在他们 20 多岁的时候跳进天使投资圈，在孵化器里面开了一堆支票。

我知道有些人囊中羞涩、疲于养家糊口，但是他们知识丰富、人脉很广，他们能够作为顾问拿到一定的股份。事实上，在我自己有钱之前，我也会用自己的人脉和知识帮助创业公司以换取它们的股份。有两次我都获得了回报：一次是作为一家社交网络创业公司的顾问，最后它们被“人才收购”[①]了，我获得了 1.6 万美元；另外一次是作为一家公司的董事，该公司是专门提供优惠券以及打折优惠的，我获得了 15 万美元。

这 16.6 万美元也就是去参加几次董事会，做几次介绍，允许这些公司把我的名字放在它们的网站上。当然，你得在业内有些声望，有较高水平的专业知识，能够为它们的业务提供一些帮助。业界有一个由来已久、被大家接受的共识，为创业公司提供帮助的“顾问”在两三年内能获得 10~50 个基点的回报，也就是万分之几。

很多时候，这些顾问也自称是天使投资人，虽然他们一分钱都不投入。真正的天使投资人取笑他们是“身无分文的天使“，但实际上，我看到过很多顾问比公司的投资人能为创始人提供更多的帮助，这说明他们能免费获得公司股份是不无道理的。

稍后我会介绍更多有关顾问的事情。下面我们先来看看你是否满足天使投资人的要求。

与怪咖打交道

最好的天使投资人具备四种能力：（1）能够出得起钱；（2）在重要问题上能与创始人共进退；（3）能够把公司介绍给客户和投资人；（4）能够为公司提供可行的建议来节省创始人的时间以及资金，或者能让他们免于犯错。

---

① 人才收购（acquihire）：大公司收购一家创业公司，主要是为了网罗该公司的人才。——译者注

你还需要另外一种特质，那就是你需要热爱天使投资。你应该乐于与一些不同个性的人坐在一起喝咖啡、聊天，有些创始人可能很聪明并精于计算，他们也许能为你的投资提供一些回报，有些创始人比较狂妄、难以对付，但以后你的大部分收益说不定就是他们提供的。

如果你不能与形形色色的人相处，或者不愿意听到有人喋喋不休地说他们将如何改变世界、其他人都做不到，那你绝对不适合这份工作。

模特或者演员的经纪人要与那些不太安分守己、总想着吸引注意力的人打交道。类似的，作为一名天使投资人，你需要与这些充满激情的、固执地认为世界能够按他们的想法改变的创业者打交道。

有些人称这些创业者为有远见的梦想家，但这仅仅是在他们成功之后，在他们挣了大钱、人们离开了他们的产品就无法生活之后。当你作为天使投资人与他们见面的时候，他们才刚刚起步，这个时候人们称他们为讨厌鬼、自恋狂、疯子。

当有人告诉我他们想向我引荐一位创业者，但是他们担心这个人是个怪咖（wild card），我会立即安排与他的会面。天使投资人需要寻找的就不是一般人，因为最好的创业者通常都是固执己见、难以驾驭的，为了他们自己的信念可以牺牲别人对他们的看法。

第 5 章

作为一个天使投资人，你是否需要去硅谷？

必需的。

第 6 章

硅谷为何如此特殊?

硅谷是宇宙中心

过去 50 年，硅谷不仅是科学技术的发动机，同时也推动了媒体、交通、广告、健康医疗以及酒店出租等行业的发展。

世界上没有哪个地方比南加州的这个小半岛给社会带来更多的变化。硅谷由多个城市组成，包括山景城（Mountain View，谷歌、领英所在地）、帕罗奥多市（Palo Alto，脸书所在地）、圣何塞市（San Jose，易贝、PayPal 和思科所在地）、库比蒂诺（Cupertino，苹果公司所在地）、旧金山（推特、优步、Airbnb 所在地）。

目前美国市值最高的五家公司都是科技公司：苹果、谷歌、微软、脸书和亚马逊。它们当中的三家位于硅谷，相邻不到 15 英里，另外两家位于西雅图。

美国所有风险投资中，有30%投在湾区。这几乎是波士顿、纽约和洛杉矶投资总和的两倍。湾区是世界的中心——这是毋庸置疑的。

我这里所说的不仅仅是创业公司的中心，而是整个世界。你可以看看交通行业正在发生的变化，特斯拉的电动汽车、优步的出行共享网络、谷歌的无人驾驶车正在彻底重塑整个行业。

你再看看酒店行业，最生猛的力量是Airbnb。

即便政治领域，也被推特和脸书主宰，而不是华盛顿或者报纸。

广告领域，谷歌和脸书利用客户精准定向以及反定向技术等优势，占据了市场的最大份额。报纸是这个领域的传统领导者，其市场份额从2000年的高峰时期下降了70%。事实上，50%的移动广告费用都被谷歌和脸书收入囊中。移动端不再是未来的事情，已经席卷一切。在娱乐行业，最重要的公司不再是洛杉矶的好莱坞，而是网飞（Netflix），位于洛思加托斯（Los Gatos），一个只有3万人、以果园出名的小镇。网飞现在有超过8000万的会员用户，每年在原创内容上花费超过10亿美元。仅仅在三年之内，网飞凭借《纸牌屋》（*House of Cards*）、《女子监狱》（*Orange Is the New Black*）等电视剧，在内容质量已经赶上了HBO的水准。而HBO从20世纪90年代就已经开始创造具有艾美奖统治力的原创内容。

做到这一切的网飞，十年前刚刚创立时还只是一家用大信封邮寄DVD的影像出租公司。

位置、位置、位置，重要的事情说三遍

作为天使投资人，你的目标是找到一家超级独角兽（估值超过100亿美元的独角兽），或者十年一遇的公司（decade–acorns，平均每十年出现一家的，估值超过1000亿美元的创业公司）。

现在美国已经有7家市值超过1000亿美元的科技公司：苹果、谷歌、微软、脸书、亚马逊、甲骨文和思科。

另外，现在还有十几家估值达到100亿美元的公司，包括Airbnb、优步、网飞、领英、推特和Pinterest。这里面至少有一家公司以后能超过1000亿美元。

所以，如果你想在天使投资领域有所成就，那你就得来这里，来创新之都。如果你高中戏剧俱乐部里面那两三位最优秀、最漂亮的模特和演员去洛杉矶成了大明星的话，那么你大学里面最好的三四个技术天才和企业家应该来湾区。

如果你是一家公司的创始人，在硅谷有半年的时间能够每周都见到几十位投资人，还有更多的投资人新面孔等着见你。如果你是在奥斯汀、洛杉矶或者纽约，你能在几天之内把所有优秀的投资人都见完。

在一些二线城市，可能有几十位优秀的天使投资人，但硅谷有1000多位。

如果最好的创业者来这里，那最好的天使投资人也需要来这里。

只有第一，没有第二

如果你选择在纽约、洛杉矶或者西雅图做投资者，也可以，但是如果你想获得收益就必须要考虑以下两件重要的事情：

1. 你将大幅降低大赢一把的希望（如投到一家独角兽、超级独角兽或者 1000 亿美元以上的公司）。
2. 你需要经常飞来飞去，不管怎样，每个月至少来硅谷待 10 天。

如果不管如何你每个月都需要在这里待十天，那还不如索性搬到这里来，然后休长假的时候去任何你想住的地方。

在纽约，我们看到也有少数 10 亿美元级别的公司，如 Tumblr（2013 年以 11 亿美元卖给了雅虎）、Etsy（2015 年首次公开募股后市值达 30 亿美元）、DoubleClick（2008 年以 30 亿美元卖给了谷歌）。

洛杉矶也有少数几家，包括 Maker Studios（2014 年以 5 亿 ~9.5 亿美元卖给了迪士尼）、Oculus VR（2014 年被脸书以 20 亿美元收购）、Lynda.com（2015 年以 15 亿美元卖给了领英）、Dollar Shave Club（2016 年以 10 亿美元卖给了 Unilever）、Shopzilla（2005 年以 5.25 亿美元卖给了 Scripps）、LowerMyBills（2005 年以 3.3 亿美元卖给了 Experian），以及 Snapchat（首次公开募股之前估值已达 200 亿美元）。

换句话说，在湾区之外，你不可能投资到超级独角兽。

硅谷能让你先人一步

还记得我之前用过的扑克比喻吗？在湾区，你每手牌的第一张都将摸到黑桃 A，这样一切都会变得更加简单。我目睹了很多普通人在湾区快速致富，很多聪明人却在纽约和洛杉矶苦苦挣扎于天使投资和风险投资。

如果你投中了一个 Dollar Shave Club、Lynda.com 或者 Tumblr 的第一轮，那你将会很高兴，因为这些你进入的时候值 500 万美元的公司，在你退出的时候将增长 100~150 倍，即便你的股份在后几轮投资中会被稀释。

你 2.5 万美元的投资将变成 300 万美元，这是相当惊人的，但并没有到 1000 倍或者 5000 倍。硅谷的目标是投中一个十年一遇的公司，这样的公司最近几乎总在湾区出现。

欧洲你基本上可以忽略不计，因为它的高福利、监管限制、反创业（anti-entrepreneurial）政策。唯一的一个例外是瑞典，这里最近产生的独角兽有 Spotify、King（Candy Crush）、Mojang（Minecraft）、Skype 和 SoundCloud。有人说这是因为瑞典人专注于设计或者日照少迫使他们有更强的进取心。不管是什么原因，最近瑞典风头正劲。

中国、印度和日本目前也是科技创业公司的沃土。

在一个市场较小的地方，如纽约或者洛杉矶，进行风险投资唯一的好处是你将备受推崇。这些地方只有很少的几个风险投资人，所以会一直有人需要你。另外你也会觉得自己非常高效，因为值得你审核的优秀公司很少。每天你很快就能完成工作，然后有充足的时间追 HBO 的电视剧《硅谷》（该电视剧对于创业生活有非常准确的描述，85% 左右的情节都与现实相符，真是很难得）。

网络效应

“网络效应”这个术语是指一个网络的价值与其成员或者节点数的平方成正比。如果一个网络有 10 个节点，然后你增加 1 个节点达到 11 个，那么网络的价值将增加 21%，而不是 10%。这种增长是非常快速的。

我们生活在一个充满网络效应的世界里。在湾区，节点就是各种投资人（天使投资人、孵化器以及风险投资人）、创业者、服务提供者（高校、律师、猎头和银行）以及人才库（开发人员、设计人员和市场人员）。

在湾区，为创业公司提供服务以及直接提供帮助的人是其他地方的千百倍。硅谷有史以来最伟大的产品就是硅谷本身——经过一代又一代的反复投资，其效率不断地提高。

在每一轮的技术浪潮中，新一代的投资者和创业者都会更加雄心勃勃。谷歌 9 年时间内达到年收入 30 亿美元足以让人兴奋不已，但接下来脸书只用了 7 年时间就达到了同样的目标。

硅谷的投资人都知道，当你找到了一台像谷歌搜索广告这样的印钞机后，那摆在你面前的就是一个全球的市场。谷歌目前 55% 的收入来自美国之外。

脸书目睹了谷歌进军全球几十个市场，然后它以更快的速度做到了这一点。

Airbnb 和优步见证了谷歌和脸书在全球的扩展，然后它们的投资人和管理团队效法前人并加以改进。

下一轮创业公司，也就是你将投资的公司，会学习这四家公司在全球几十个国家、几千个城市攻城略地的方法，然后以更快的速度去扩展。

在这里，人才是最大的驱动力，普通的开发者、设计师以及把他们从大公司挖到创业公司的招聘人员，都锁定了四年期的股票期权计划。

经常可以看到，当谷歌员工手上的股票和期权兑现之后，他们会带着谷歌广告印钞机的经验，去与脸书谈一个更高的薪酬。雪莉·桑德伯格（Sheryl Sandberg）就是一个很好的榜样，她在谷歌工作了 7 年，然后去了脸书，成为该公司仅次于马克·扎克伯格的二号人物。

现在，有一大群脸书的高管们兑现了他们的股票，他们看着脸书从一家在 A 轮融资中估值 9800 万美元的公司，变成了 IPO（首次公开募股）时股价 39 美元（总市值 1040 亿美元），再到我写这本书的时候股价 128 美元（总市值 3680 亿美元）的巨兽。

随着脸书达到了“逃逸速度”（escape velocity），成功进入轨道，它的员工开始在各大发射场寻找下一个估值 500 万 ~5000 万美元的“火箭飞船”，这样他们就能获得早期股权，再次分得一杯羹，开始新的旅程。

优步以及 Airbnb 的一些高级管理人员原来也不过是脸书或者谷歌的普通员工。

如果你想制作一个乡村音乐专辑，那就去纳什维尔①；

如果你想拍一部电影，那就去好莱坞；

如果你想成立一家创业公司，你必须去硅谷！

我们的征途是星辰大海

科技创业公司早期的思想禁锢被埃隆·马斯克和特拉维斯·卡兰尼克彻底打破，他们认为软件虽然重要，但是不能局限于此。

埃隆·马斯克决定建造真实的火箭和电动汽车，而不仅仅是用在别人火箭或者电动汽车上的软件，我们把这种模式称为“全栈”（full stack）公司。事实上，有些投资人试图要求埃隆·马斯克只向传统的汽车公司（如奔驰和福特）出售电动汽车使用的软件以及发动机。

拒绝了这些建议之后，埃隆·马斯克推出了 Model S，被非营利性专业杂志《消费者报告》（*Consumer Reports*）评为最佳汽车。这款汽车还打破了美国国家公路交通安全管理局（NHTSA）的安全评估纪录，2013 年获得了一个超过 5 星的分数：5.4 星。

目前，埃隆·马斯克正在研发汽车用电池，同时开始了自己雄心勃勃的火星计划。今天的创业者比我创业的时候有更大的信心和

① 纳什维尔（Nashville）位于美国田纳西州戴维斯县，是乡村音乐的圣地。——译者注

勇气，这对于天使投资人来说是天大的惊喜。如果创始人设定像“火星殖民”这样的宏伟目标，那我们的投资回报将远远大于“为火箭发射设计软件”这样的目标。

特拉维斯致力于把车主和乘客连接起来，而不仅仅是开发一套软件给出租车公司使用，曾经有个投资者就强烈建议特拉维斯选择后者。当有投资者请求我去游说优步别与出租车公司竞争，安安稳稳地做一家软件开发公司时，我回答他们“出租车公司才是问题所在”，并且那以后我就拒绝讨论这个问题。

作为投资者，你的任务就是把这些格局太小、思想狭隘的人拒之门外，想象力限制了你将来的成就。我宁愿投资的创业者在大项目上失败，也不想他们为了成功而去做一些小项目。

第 7 章

创业公司融资流程

天使轮还是种子轮融资?

当你开始做天使投资人的时候，你会听到很多术语来描述一个创业公司融资的各阶段，总有人问我相关的问题：“天使轮和种子轮有什么区别？”“最近 A 轮融资一般是多大规模？”

并不是所有的创业公司都会经历我所介绍的各轮融资，事实上，世界上大部分的创业公司都得不到来自天使投资人或者风险投资人的支持，这些就是普通的“小企业”。

下面介绍的投资阶段是按照自然顺序排列的，但是很多创始人可能会跳过某些阶段。我没有看到过一家创业公司会经历所有的这些阶段。

人力股权

很多创业公司的第一轮融资来自创业者自己——头几个月他们投入的免费工作。这不是正式的第一轮融资，只是公司的创始阶段。与融资阶段不同的是，这个时候创业者自己的辛勤付出换来的是对公司的拥有权。我们称之为“人力股权”（sweat equity），对于天使投资人来说这是一个有用的指标，表明创业者在没有资金的支持下也能创造价值。

现在你可能会想，“并不是所有的创业者都拥有公司百分之百的股份”，的确如此，因为并不是所有的创始人都愿意在没有外部资金的支持下开始创业。很多创业者认为外部资金能提供一个安全保障。我更喜欢那些为了自己的理想和追求，在没有投资人为其分担部分压力的情况下就开始行动的创业者。

根据我的经验，这表示如果有一天，这些创业者烧光了所有的投资（几乎所有的创业公司都会有这么一天），还能不计报酬地进行绝地反击，继续努力推动公司发展，挽救公司以及你的投资。

这些创业者才是我要关注的，他们锐意进取、百折不挠。

当你的天使投资人的身份被外界知晓的时候，会有一大群创业者来寻求你的支持，他们当中的大部分都是属于“人力股权”类型。

大多数的创业者在开始任何工作之前，总是先等着某位天使投资人能给他们一张 5 万美元的支票，他们只做了几页 PPT（演示文稿），别的什么都没有做。更有甚者就是写几封骗人的邮件，把别人贬得什么都不是，吹嘘自己的想法多么棒，唯恐你不相信他们，不给他们投钱。

你应该用自己的方式告诉他们，如果一个人在没有资金的情况下除了 PPT 或者骗人的电子邮件，其他的什么都做不了的话，那他就不适合创业。

我不建议你用和我一样的方法，因为听起来比较粗暴，但是符合我个人的风格和目标。我经常对创业者说："我只投资那些脚踏实地干活的人，不会投资只说不做的人。"

你可以看到，我的方法比较客观并富有攻击性，我采取这样的方法主要有两个原因：（1）我的风格就是如此；（2）能够有效地排除弱者，与强者建立有意义的、深层次的关系。

自力更生

与人力股权类似的是"自力更生"（bootstrapping[①]）。自力更生是指只使用自己能够获得的资源来解决问题，实现发展。

人力股权类型的创业公司是完全依靠自己团队的人力资源来提供产品和服务，自力更生的创业公司可能会寻求部分外界的帮助，但不是来自投资者。例如，很多时候，公司的创始人会把自己开发的产品卖给一些客户。

---

① bootstrapping 一词来自 19 世纪美国流传的一句谚语："提着鞋带把自己从泥坑里拔出来。"是说不依赖外力，而靠自我实现成功的一种价值取向。运用到创业上，bootstrapping 主要是指经济上不求人，也就是不向外部投资人融资。

这样，在人力股权的基础上创建的自力更生的公司比简单的人力股权公司更好，因为它能获得更多的资源。

回首 1995 年我第一次创业的时候，创办了一家名为《硅谷报道》(*Silicon Alley Reporter*)的杂志，这就是一家以人力股权起家的自力更生的公司。大部分的文章、照片都是我自己一手操办，我会把一些广告预售给我朋友的公司，包括 Razorfish 公司以及风险投资公司 Flatiron Partners。

bootstrapping 这个单词起源于 19 世纪的美国。在这本书里面我不想浪费太多的时间来追溯这个单词的起源，因为当我看到很多人一遍又一遍地将这个词拿来考证的时候，我觉得这些家伙只是把维基百科上的介绍抄过来滥竽充数，而自己没有半点有意义的话。

亲友融资

创业公司可以从一些非专业投资人那里获得资金，如炒房地产发财了的亲戚或者朋友，这个可以视为"亲友轮融资"。

这些人介于完全依靠自我创业以及没有天使投资就不创业这两类人之间。

一方面，他们敢于拿家里的钱创业，如果失败了，他们就得向家人说声抱歉；另一方面，他们可能是只顾自己的空想家，大手大脚花家人和朋友的钱。

通过观察这些人是否能够有效地利用从亲朋好友处筹集的资金，你就能够知道与你打交道的是一些什么样的人。例如，如果这些人从他们祖母以及大学室友处筹集了 10 万美元，然后马上拿出 75000 美元给一家软件开发公司，剩下的 25000 美元给一家公关公司，那么与你打交道的这些人应该不是能吃苦自我创业的人，他们应该做不出什么东西来。

我把这些人称为“散财童子”（check writer）。他们非常擅长花钱和讲故事，但他们与实际产品和客户严重脱节，无法找到产品市场契合点，通常最后都是把所有钱花光，然后再等其他的投资人投资。我要寻找的投资人必须是具有强烈进取心的，这样才能做到资本高效。

自筹资金

通常，你可以投资的最靠谱的创业者是那些已经为自己投资的人。当我遇到一位创业者说“我使用的是自筹资金”时，我会马上想问他两件事：怎么做的，以及为什么要这样做。

首先，你是如何给你的创业公司自筹资金的，目前为止已经花掉多少钱？你是一个富二代还是卖掉了上一个创业公司？目前你有没有欠债？

你为什么要为自己的创业公司自筹资金呢？是因为你不把遗产花掉就难受，还是因为你是那种把全部精力放在开发最小化可行产品（MVP，minimal viable product）、不想把时间浪费在投资者身上的创业者？

当我看到那些自筹资金的创业者负债累累时，我都会比较担心，特别是如果创业者还需要养家时。在我看来，如果你有一个家庭需要照顾，创业的时候又不是使用人力股权、自力更生、亲友融资或者从专业投资人处融资等方法，你仅为了追逐自己的创业梦想，就把家庭置于负债的危险境地，那你十有八九真是疯了。

我的意思是说如果你仅仅为了投资自己的事业，就愿意赌上整个家庭的未来，数以百计的投资人都入不了你的法眼——这些人以投资为生，应该比你更有经验——那你基本上是在说，这个世界上其他所有人都是错的。

在我看来，你这样做并不是勇敢，而是一个极度不负责任、自私自利的浑蛋。

相较于赌上你整个家庭的未来，还有很多更好的选择。

你为什么不能改变自己的想法？为什么不能自己学习编程，依靠自己的人力投入来创业，而不是举债请别人来做？为什么不能加入一家已经获得很多天使投资的创业公司，和它一起来改变世界？为什么不等到你的想法能吸引天使投资人的时候？

孵化器融资

创业者也可以加入某个孵化器或者加速器，这样就可以获得一些资金。大多数的孵化器都会为创业者投资 2.5 万 ~15 万美元，换取公司 5%~10% 的股份。

有各式各样的孵化器，专注的领域各不相同，有医疗保健、硬件、企业软件、移动应用等等。在硅谷，孵化器是最近十年才流行起来的，这也是现在我们看到创业公司激增的原因之一。

创业公司（我称之为创业试验）数量快速增长的另外一个重要原因是，把一个产品投放到市场的成本大幅下降，从几百万美元下降到了 2.5 万 ~25 万美元之间。

大部分伟大的公司（优步、脸书、特斯拉、谷歌）都不是从孵化器里面出来的，但偶尔也有一两家会来自孵化器。事实上，孵化器只孵化过一家超过 100 亿美元的公司，那就是 Airbnb。还有几家估值数十亿美元的公司，如 Zenefits、Stripe 和 Dropbox 等。我们将在第 23 章介绍更多有关孵化器的内容。

现在有些创业公司开始从一家孵化器跳到另外一家，从每一家孵化器获得 10 万美元的投资以及一大堆建议，但公司的股权结构也不断被稀释。

如果一个创业者在面临公司倒闭的时候，能够从另外一两家孵化器获得支持，我觉得这并不是什么坏事，毕竟公司活下去才是最重要的。

种子 / 天使融资

大部分能够顺利获得种子轮投资的创业者都经历了上述五种早期融资方法中的两到三个。例如，有些人可能是自力更生创业的，进入孵化器后把自己的软件预售给两三家公司，然后才拿到了天使投资。

特别是你作为一名天使投资人，你的工作就是盯着从这些渠道出来的创业者，然后从中挑选最好的。

你就像大学里面的球探一样，观察那些还在不断成长的、在球场上奔跑的高中球员。你不一定能挑选到完美的球员，但你能制定方法选到一些好的球员。

这才是本书的价值所在，帮助你更好地进行挑选。有些著名的创始人、优秀的产品或者市场热点，刚一出现就能进入种子轮融资，直接跳过上述的五个阶段。例如，如果你是在 2014 年或者 2015 年优步和 Airbnb 备受追捧的时候，开发了一款漂亮的随叫随到（on-demand）方面的 App，那你可能在 App 发布之前就能很快找到 150 万美元的种子投资。

我们经常看到一些曾经把创业公司卖给谷歌或者脸书的创业者，他们仅仅开发了一个基本的产品原型。更有甚者，只是做了个幻灯片，就很快拿到了一笔种子投资。

投资者看到有这样的创业者出现的时候都会很兴奋，这个时候他们会降低选择的标准，因为他们相信这样的创业公司有更高的成功率。当然这也是有一定道理的，如果有人曾经创过业并把公司卖给了谷歌或者脸书，那他们再重复一次或者让公司上市的概率就会大很多，因为他们曾经成功过。

过桥融资

很多创业者低估了他们到达里程碑进行下一轮融资所需的时间和资金。当一家经过了种子轮融资的创业公司，在达到风险投资公司进行 A 轮投资设定的目标前，或者达到盈亏平衡之前就用完了资金，那它们就需要进行所谓的过桥融资（bridge fund）。之所以称为过桥融资，是因为投资人这个时候提供的资金就像是为了让公司能够顺利运营到下一轮融资搭起的一座桥梁。

这轮的资金一般都是来自种子轮的相同投资者。这些投资者如果不继续投资支持创业公司，那他们前面的投资就都打水漂了，所以他们倾向于继续投资。

当天使投资人是出于对创业者的忠诚或者出于不承认失败的自尊，而不是基于创业公司的基本情况，去挽救一家垂死挣扎，甚至已经是摇摇欲坠的创业公司，那参与过桥轮的投资，看上去就像“拿着钱去砸无底洞”。

我就干过几次这样的事情，因为我是一个乐观主义者，在我作为天使投资人的早期，出于自尊我愿意相信所投的公司会变好。如果我投资的一家创业公司失败了，那一定是我错了，我讨厌错误。

现在，每当我被要求进行过桥投资时，我都会问一个简单的问题：“与我最开始投资的时候相比，这家公司有哪些改变？”

如果我对创业者执行能力的看法有所改变，或者我认识到这种产品确实没有什么市场，那我就能比较容易地答复创业者“我退出了”或者“这轮投资我就不参与了”。

创业者通常会想知道原因，我倾向于坦率地告诉他们，但我并不是建议你也要这样做。我见到的大部分天使投资人只是简单地说“现在我们不投资”或者“后面我们不再跟了”，虽然他们的真实意思是“我们只继续投资那些有突破性进展的公司以及我们信任的创业者”。

对于我提出的问题“现在有了哪些改变？”答案通常是：创业者及其团队对于他们的客户有了更深入的了解，他们已经开发了一个前景很好的产品，他们已经知道怎么做才能达到收支平衡。

在这些情况下，做出继续投资的决定还是很容易的。

但这里涉及一个需要认真对待的问题：过桥融资的估值和条款。

如果种子轮融资的时候估值400万美元，公司在经过一段时间发展积累了一定的客户量，这个时候的估值还和原来一样，你可以投入比前期更多的资金。这是一笔不错的交易，因为这个时候公司的实际估值应该更高。

如果种子轮的估值是400万美元，但公司在进行过桥融资的时候想把估值提高到800万美元，你应该问创业者“你是怎么得出这个估值的？”我会让创业者详细地回答这个问题，这样我才能了解公司是否值两倍的价格。

如果不值，我会告诉他们：“基于这个估值，我就不再投了。”

有时候，某个创业公司在种子轮融资阶段估值800万美元，并且有了不错的收入，但是在过桥融资的时候没有人愿意给它同样的估值。在这种情况下，投资者或者创始人就需要进行“估值打折融资”（down round）或者“给点甜头”（pot sweetener）。估值打折融资简单地说就是降低公司的估值，这样就让上一轮投资人的股份大幅下降。在市场崩盘的时候，如2000年、2001年以及2008年，很多创业公司都进行了估值打折融资。

还有一种过桥的方法：保持公司的估值不变，但是给过桥投资人一点“甜头”——额外奖励。有很多的金融工具和法律手段可以做到这一点，一种是优先清算权，另外一种是发行权证（issuing warrant）。

在这两种情况下，投资者通常会获得其投资金额两到三倍的股票。例如，如果我以每股 8 美元的价格购买了 10000 股公司股票，同时我还获得另外一个期权：将来能够以每股 0.01 美元的价格买入 10000 股。

在硅谷，人们更喜欢“干净条款”，这意味着他们会尽力避免使用优先清算权和发行权证这样的附加条款。事实上，硅谷大部分专业人士认为这种条款具有掠夺性。

美国东海岸或者欧洲的投资者更加保守，不像硅谷这样容易获得成功，所以他们倾向于使用这种“下跌保护”（downside protections）策略。

A 轮融资

A 轮融资对于创业公司来说是最渴望和最重要的一轮，因为它通常是由专业的风险投资公司来进行的，并且风险投资公司将会加入创业公司的董事会来进行适当的管理。

适当的管理意味着公司将会有一个董事会，并召开董事会会议表决董事会决议。这样有利于提高公司股票的价格。

在 A 轮投资之前，创始人基本上不需要对任何人汇报。没有董事会，没有董事会会议，没有董事会决议，没人关心公司的股票价格，因为这个时候的关注重点是找到产品市场契合点，这也是十分正确的。

一旦你进行了 A 轮融资，CEO（首席执行官）就需要花费 20% 的时间来“管理董事会”。这意味着，每 6~10 周召开一次董事会会议，或者是一年 6~8 次。他们需要准备董事会议题，需要有一名律师来负责员工的期权，基本上他们都要向老板进行汇报。

作为一名天使投资人，有时你也会有机会参与 A 轮投资，但不常见。为什么呢？因为风险投资公司很贪心并且有很多的筹码。当它们找到一家估值 1200 万 ~2500 万美元的创业公司，融资额达 500 万美元或者 1000 万美元的时候，它们会吞掉能够找到的每一股股份。事实上，有时 A 轮融资的领投者能够决定哪些投资者可以参与。

如果你和一个强大的风险投资公司一起进入 A 轮融资，那你要么与创始人有很好的关系，他要求给你分一杯羹。要么你能给风险投资公司提供很大的价值，让它们认为你的加入能够增加大家的股权价格。

如果你天使投资的一家创业公司从一家著名的风险投资公司获得 A 轮投资时，你想用自己的资金继续跟投，那你应该尽可能要求同比例跟投。

同比例跟投意味着你能保持住你在公司的股权比例。通常，当你进行天使投资的时候，如果你不要求，是没有同比例跟投权利的。如果没有同比例跟投权，我是不会投资的。如果有人觉得我没有权利保证自己的股权比例，即便我是他们最早的支持者，那我就不是他们要找的人——他们也不是我要找的创业者。

不给予天使投资人同比例跟投权是对他们的不尊重。不再多说。

B、C、D、E、F 轮以及夹层融资

A 轮投资之后，你可能就不会再主动投资该公司了，而是考虑退出了。事实上，如果你天使投资的公司开始 B、C、D 轮及更多的融资，那是时候考虑通过出售“旧股”（secondary）来卖掉你的部分股份了。

请记住，当别人问富人他为什么如此富有时，他说“卖得早”。[①]

我们将在第 30 章介绍如何退出。

但首先，我们得知道如何加入这个游戏。

我这里有一份教你如何开始的秘籍。

① 这句话是罗斯柴尔德（Baron Rothschild）说的，“I made my fortune by selling too early”。——译者注

第 8 章

没钱如何进行天使投资

投资股权表基础

作为一名天使投资人，你的工作就是为创业公司提供资金、时间、人脉、专业知识，以便在股权结构表上占有一席之地。

股权结构表是公司所有股东的正式名单，包括每个股东投入的资本以及占有股权的类别。不同的股权类别拥有的权利是不一样的。我们将在第 30 章讨论股权类别之间的差异以及如何保护你的天使投资股权。

登上股权结构表最简单的办法就是购买股份，但需要以下两个条件：

1. 资金；

2. 购买的资格。

当你开始与创业公司见面时，大部分你能见到的创始人都是那些无法为自己的公司融到资的。像马克·平卡斯（Mark Pincus，Zynga 的联合创始人）和埃文·威廉姆斯（Evan Williams，Blogger、推特和 Medium 的创始人）这样优秀的创始人，他们有着卓越的创业经历以及人脉，所以他们不仅可以挑选顶级的天使投资人，还能用自己以前创业挣到的钱进行投资。

这些人不需要你和你的资金，你也见不到他们。你需要寻找的是下一个马克·平卡斯和埃文·威廉姆斯。你能接触到热门交易的唯一途径是熟人的邀请或者走大运。当你刚开始进行投资的时候，应该与尽可能多的人见面交流，但是尽可能少投资。

基本上，你会参加很多的会面，但是不要轻易出手。我们将会介绍如何建立项目流，如何参加路演以及在路演前后该怎么做。

五种获得股权的方法

简而言之，在股权结构表上有五种人：创始人、员工、顾问、天使投资人、风险投资人。

没有创始人就不可能有创业公司的存在。公司最开始由创始人百分之百拥有。创始人为公司的付出也是最多的。创始人的分分秒秒，无论是醒着还是睡着了，都在为公司工作。

员工为创业公司的付出排在第二，但他们的生活并不是百分之百与公司绑在一起。不像创始人，员工通常从期权池里面获得股权。期权是在未来以一个很低的“执行价”购买一定数量股票的权利，这个“执行价”是基于公司在授予期权时的估值所确定的。期权是调动员工积极性的好方法，因为这样他们也成了公司的主人。期权一般分四年兑现，所以，如果某位员工在两年后就离职了，那他就只能保留一半的期权，另一半就会回到期权池留给将来的员工。

第三是顾问，又被称为没钱的天使。他们用自己的技能、时间、人脉以及声誉来交换股权。

第四就是你，天使投资人。你没必要把整个生活都献给某一个创业公司。你的工作是在没有人愿意支持创始人的时候对他们进行支持，并引导他们前进，最终转交给专业投资人。

第五是风险投资人。他们的进入比较晚，等到很多风险都被消除了他们才进入。他们的任务就是帮助公司从青春期过渡到成人期。

股东激励

这五种人都有一个共同的目标：增加公司的价值。

事实上，这就是为什么会存在公司股票的原因。这就是一张记分卡，能够让每个人很容易地弄明白赌注是什么。

如果你是创业公司的天使投资人，公司估值 500 万美元，发行了 5000 万股票，那每一股就价值 10 美分。

在这种情况下，如果你拥有公司 2% 的股权，那就是有 100 万股。两位创始人可能每人拥有 1500 万股，公司员工都能从 500 万股的期权池分一部分，风险投资公司可能拥有 1000 万股（占公司 20% 的股份）。

这个时候你们所有人决定让公司估值达到 5000 万美元。还是 5000 万股，也就是每股 1 美元——是种子轮时估值的 10 倍。

你们可能要面临抉择，“我们要不要把公司以 5000 万美元卖了？”或者“我们是不是应该用公司 20% 的股权再去融资 1000 万美元？”那你们就要针对股权结构表进行坦诚的讨论。

事实上，这是股东们经常要遇到的问题：我们是现在就把公司卖了，还是继续融资以后再卖？

对于各自持有 1500 万股的两位创始人，他们通常是倾向于早点把公司卖了。在这种情况下，他们可能一次就能获得 1500 万美元，这是让人很难拒绝的诱惑，特别是当你还欠了一屁股的卡债、助学贷款，拿着微薄的创业公司工资以及没有一分钱储蓄时。

对于投了 10 万美元获得 100 万股的天使投资人来说，能够拿回 100 万美元，也是一个非常好的、让人心满意足的结果：净挣了 90 万美元。他们也会倾向于考虑在新一轮融资时卖掉一半的股份（50 万美元）给新的投资人，作为应对“万一公司最后失败了”的万能保险（idiot insurance），另外一半则继续持有。

在卖掉一半的情况下，他们拿回了投资的本金 10 万美元，还兑现了 40 万美元的投资收益，另外还继续持有公司 1% 的股份。如果公司失败了，他们会觉得自己简直就是天才，因为他们的投资获得了 5 倍的收益，而其他投资人什么都没有了。

但是，如果这个创业公司最终成长为一家独角兽，每股价格涨到 20 美元，那他们会老惦记着那以每股 1 美元卖掉的 50 万股股票，每股少挣了 19 美元，总共 950 万美元。当然，如果他们现在把剩下的 50 万股也卖掉的话，可以再得到 1000 万美元，也就是说他们最早投入的 10 万美元，获得 1040 万美元收益，收益率是 104 倍；如果第一次没卖的话，收益将达到 1990 万美元，收益率是 199 倍。

这是一个值得研究的大问题。我再一次想到了那句名言："我挣钱是因为卖得早。"

只有两个数字最关键：你投入了多少，你收回了多少。你的股票最高点是在什么价位并没有你卖出时的价格重要。很多脸书的投资者在其 IPO 后很短时间内就卖掉了，IPO 的股票价格是 18 美元。当时扎克伯格的事业并不是很顺利。当他看似疯狂地收购 Instagram（仅有 13 名员工，估值达 10 亿美元的创业公司）和 WhatsApp（估值约 200 亿美元）之后，彻底征服了移动平台，股价涨到了 130 美元，那些投资者都错过了这轮暴涨。

用别人的钱投资

当你在我们这个估值 500 万美元的创业公司的股权结构表上看到风险投资人时，你应该知道他们的运作方式完全不一样，他们是用别人的钱在投资。

风险投资人用别人的钱进行投资，收取 20% 的分成（carry，又称为附带权益），直白点说，就是20%的收益分成。在我们的例子里面，风险投资人以每股10美分的价格获得了创业公司1000万股股票，也就是说投资了100万美元。如果股票升值10倍，达到每股1美元，那他们就挣了900万美元，风险投资人可获得20%的分成，也就是180万美元。很不错的收益。但是大部分风险投资公司会有6个合伙人来平分这些收益，每人获得30万美元。

换句话说，天使投资人获得90万美元收益，但是风险投资人与其合伙人每人只获得30万美元的收益，只有使用自己的钱进行投资的天使投资人收益的1/3。

当风险投资人面临有5000万美元可赚的退出机会时，当他有机会挣到足够的钱支付他全家在硅谷10个月的费用时，你觉得他会如何选择？他肯定会说："我们继续往前走吧，我们要打造一家独角兽！"

风险投资人也在创业公司董事会拥有一个董事席位，十有八九他们会鼓动创始人全力一搏，这样做也是正确的。如果公司的价值增长了20倍，那每个风险投资人及其合伙人到手的分成就是380万美元。

公司的创始人通常会较早就卖掉股票进行兑现。但风险投资人会要求创始人坚持住、争取完成全垒打，哪怕有公司完蛋以及收益减少的风险。我们这些天使投资人一般都会搭顺风车。好消息是，投资行业已经找到了化解这种利益分歧的有效方法：旧股交易（secondary sales）。

如果一家公司的创始人拥有公司35%的股份，但是他银行里没有分文现金，有人给他的公司报价 1 亿美元，这样他就能兑现 3500 万美元，能够极大地改善生活。在目前这个时代，我认为如果你挣到了 500 万美元，那你就能生活无忧，即便不工作也够你花 10 年。但是如果你挣到了 1000 万美元，那你就实现财务自由（escape velocity）了，你再也不需要工作了。每年 50 万美元的利息就够你每年的生活开销了。

但是，如果你挣的钱超过了 2000 万美元，那你就可以把钱不当钱了，你可以不看任何人的脸色了。根据我的经验，当创始人面临着从生活压力巨大到走上人生巅峰的抉择时，对他的决心是一个很大的挑战。

旧股交易

这个时候就轮到旧股交易出场了。风险投资人将会从创始人手上购买一些股票，为创始人提供一个我们前面说过的万能保险。这是一个很微妙的平衡。创始人卖掉 10%~20% 的股份，获得 350 万 ~700 万美元，这些钱扣税后也能保证他生活无忧。这是风险投资人比较愿意给创始人的兑现范围，因为这个数量的钱能够让他们没有后顾之忧地继续前进，但又不会分散他的精力。这些钱只够创始人买辆好点的车，坐上头等舱，买套像样点的房子，还清助学贷款。

风险投资人不想让创始人拥有足够财务自由或者用不完的钱，因为这样可能会让创始人在董事会上说：“你们滚开，我自己给公司投资。”或者更糟糕，打电话告诉你：“我不想干这些无聊的工作了。今年以后的时间我要在内克尔岛冲浪度假。”

对于天使投资人来说，旧股是一种很好的对收益进行“平均成本”（dollar cost average）的方法。如果在IPO之前，你有机会一次或者两次卖掉你所持股票的25%，最好就卖，因为我们看到过太多太多估值数十亿美元的公司最后一文不值。

创业公司在技术上成功的速度仅次于其崩盘的速度。请记住，它们都是火箭飞船，有时它们在到达轨道之前就会爆炸——你可以去问问埃隆·马斯克是不是这样！

创业还是投资

此外还有两种方法获得公司的股权：你可以自己单独或者与别人共同成立一家公司，或者去创业公司工作，逐步兑现股票。当然，如果你这样做的话，每四年你只有一次拿到股权的机会（作为创始人或者公司的员工，需要四年的时间来兑现他们的股份）。

作为一个创业者或者创业公司的早期员工，在20年的时间里，你通过极其辛苦、报酬极低的工作，可以换来三四次上垒的机会。因为有70%的创业公司会失败，我估计在你的职业生涯中就只有一两次赢的机会。但是，你还有很大的概率无法退出。错过一次退出的概率是30%，那你三次都没能退出的概率接近3%（30%×30%×30%=2.7%）。另外，还有可能是小赢，也就是说，你只赚了一两百万美元。

最有可能的情况是，你辛辛苦苦工作了20年，最后小赢了一把，挣到了几百万美元。这不是一个很差的结果，但这不是我们在这里讨论的大赢。

作为一名天使投资人，我每年投资30家创业公司，基本上每周一家。

一个创业者还是很了不起的，因为你去创造自己想要的东西，你是公司的至高主宰。但是创业者能够获得高额回报的概率极低，发财的机会更青睐天使投资人或者风险投资人。

当然，作为一个天使投资人或者风险投资人，你需要有资金、技术、人脉或者知识才行。

但是如果你没有钱怎么办？有其他办法获得股权吗？正如我们在第4章讨论过的，有很多被称为顾问的人，用他们的人脉以及知识，有时也包括一些工作，来换取公司的股份。

为创业公司提供建议通常是成为天使投资人很好的垫脚石。在接下去的一章我将介绍我自己作为顾问的起起伏伏。

第 9 章

作为顾问的得与失

正如我在第 8 章里面提到的，有五类人可以获得某个创业公司的股权：创始人、员工、顾问、天使投资人、风险投资人。

创始人和员工是通过全职工作来换取公司的股份。他们每天都要到公司上班，四年后能够兑现股票，他们把所有的鸡蛋都放在同一个篮子里面。

天使投资人和风险投资人用钱购买公司的股份，他们不需要每天都去公司办公室，他们把自己的精力分散在很多不同的公司——不停地找新公司。

公司的顾问不是用钱来购买公司的股份，而是用自己的资源来换取，如他们的技术、人脉或者声誉。他们把自己的品牌资产注入创业公司，刚开始的时候创业公司一般都没有品牌资产。

投资的起点

在我的职业生涯早期，我没有足够的钱达到投资创业公司的下限，通常是 2.5 万 ~5 万美元，但是我确实有一些人脉、关系以及很多创业的技巧，特别是在市场推广和公共关系方面。所以我加入了很多创业公司的顾问团以及董事会，期待能挣一点儿钱。

我成了几个创业公司的顾问，包括 Wealthfront。另外我还加入了 ThisNex、Saving.com、Dyn.com 的董事会。

我总共为 6 个公司提供过顾问咨询服务，通常每家公司都是两年左右。令人想不到的是，在这几个项目中，有 3 个总共为我提供了 70 万美元的回报。它们中的一个，Wealthfront，至今还活得好好的。只有几个公司彻底倒闭了。另外让人失望的是，有一家创业公司的创始人被一个无耻的风险投资人撺掇着吞掉了我辛苦挣得的顾问股份。后面我将详述这个故事。

我觉得 Wealthfront 给我带来的收益将会有 Dyn 公司那么多，让我顾问生涯的纪录达到两次本垒打（home run）、一次一垒安打（single）、一次二垒安打（double）、两次三振出局（strikeout）。打击率达到不可思议的 0.667①，这是不太可能被复制或者重复的。

---

① 打击率是棒球运动中衡量打击手成绩的重要指标，其计算方式为选手击出的安打数除以打数。一般而言，职棒选手的打击率在 0.280 以上，就会被认为是一个称职的打者，0.300 以上，则是一个优秀的打者，而打击率达到 0.400 以上，则被认为是一名伟大的打者。——译者注

机会成本

现在，我只在我投资的公司里面担任董事，并且是在这些公司内部出现暗潮涌动，或者受到一些不友好的攻击时，需要我加入董事会来为他们及其他股东提供一些保护，这是我加入董事会的一个重要条件。

除了我自己投资的公司之外，唯一能让我加入创业公司董事会的条件是，这家公司的创始人是我的朋友或者我对这家公司有着极大的兴趣。为什么我这么矫情呢？因为人生苦短，作为董事的回报与我作为投资人的回报相比，实在是微不足道。当然，如果能够通过董事或者顾问服务再获得几十万美元也是不错的，但是考虑到为了这些回报我需要付出50~200个小时的时间、工作两三年，这就存在一个严重的机会成本。

机会成本是我们人生当中特别重要的概念，所以这里我们稍微讲一讲。我对于机会成本的定义是由于错用了你的时间而带来的收益损失。

例如，假设你是一家创业公司的CEO，为了节省雇用一个自由职业设计师的1万美元，你决定自己花10个星期、每星期20小时来自学设计。这个看起来是一个很好的推动公司发展的方法，因为能节省你的成本，但是你能确定的确如此吗？

其实计算很简单。你只要问问你自己，你可以用这200个小时的时间来干什么，并能给你的公司带来什么样的影响。

在这个例子里面，创始人可以给300位天使投资人分别写一封推销自己的邮件（每人 20 分钟，总共 100 小时），再与其中的 50 位投资人见面（加上路上的时间，每人两个小时，总共 100 小时）。如果这 300 个天使投资人里面有百分之一二能够被你搞定，也就是 3~6 个天使投资人。这些天使投资人通常每人会投资 2.5 万 ~10 万美元，这样你的公司大概就能总共获得 10 万 ~25 万美元的投资。

现在我们来比较一下这两种付出的回报：节省 1 万美元，抑或得到 10 万美元或更多的投资。哪一种更能体现你的时间价值呢？毋庸置疑，当然是后者。也就是说这个不会设计的创始人浪费他的时间去学习设计是有巨大的机会成本的。

当然，如果这个创业公司还不具备融资的能力，例如它的设计实在是太糟糕，创始人也没有相关的创业经历。在这种情况下，我们需要比较的是发送 300 封邮件后没有拿到一分钱投资，以及完成一个能够吸引投资人的产品。相对于你利用自己的人力资源完成的、有吸引力的产品，那些没有丝毫作用的邮件以及毫无意义的会面将是一个巨大的机会成本。

如何有效地分配你有限的时间以及精力，将是你作为投资人、创业者、父母甚至普通人需要重新审视的问题。如果你不仔细考虑如何分配你的时间，代价将是巨大的，你将来会特别后悔浪费了太多时间在创业、婚姻、交友或者投资上，这必将让你心灰意冷，身心俱疲。

当你正在地铁、公共汽车或者高速公路上阅读或者收听这本书的时候，看看你身边无数的人，他们都在思考着自己人生的机会成本。

不错，我在写这本书的时候也经历过激烈的思想斗争，我问自己“我花的这时间值吗？”我花了几个月的时间来写这本书，再花更多的时间来推广，如果没有人读它怎么办？我花在这几万字上的几百个小时，还能有其他更好的用途吗？

我在这本书里面分享的秘密，是我过去几年精心总结的，然后又用了超过6个月的时间写下来，如果你能够掌握这些技巧并获得巨大的收益，那就是对我的回报。如果你们中间，哪怕只有一个人因为这本书成了千万富翁、亿万富翁，也将会让我高兴不已。当你成功的时候，别忘了邀请我到你的私人游艇上，品味昂贵的美味珍馐，举杯回想当初你对如何分配自己的时间是多么的茫然，直到看到了我的这本书。

我会一直等待着那么一天，有人给我发邮件告诉我，这本书彻底改变了他们的生活，甚至他们朋友以及家人的生活。我相信这一天一定会到来的，我可以肯定。我在想这个人会不会就是你，就是这个正在边看边笑的你。王侯将相，宁有种乎？也许从下一个谷歌、脸书、苹果或者优步分得一杯羹的就是你。

我的第一笔顾问收入

回到2004年，那时我身无分文，想尝试一些事情。我创办的第一家公司，是一份名为《硅谷报道》的印刷杂志，现在已经卖给道琼斯公司。我努力工作了七年，后面两年才拿到工资。我搬到了圣莫尼卡（Santa Monica），然后与我的未婚妻住在一起。我一直徘徊不前。

我的朋友马克·杰弗里（Mark Jeffrey），当年我刚创业的时候让我睡在他家的沙发上，把我介绍给他的朋友贾斯·迪隆（Jas Dhillon），他们俩共同创办了一家名为 ZeroDegrees 的社交网络公司。我们在 2003 年上半年就发布了这个服务，比领英的发布早了半年，比脸书走出校园早了 3 年。在领英当年传奇般的 B 轮融资路演中，ZeroDegrees 甚至作为其竞争对手出现在路演幻灯片里。

我仅仅是作为这家公司的顾问。我每隔几个月与贾斯·迪隆在玛丽安德尔湾（Marina Del Rey）的丽思卡尔顿饭店一起吃早餐，为他提供一些有关这类新产品和服务的使用反馈。

2004 年，当公司卖给巴里·迪勒（Barry Diller）的 IAC（Inter ActiveCorp）公司，我得到了 1.6 万美元的现金回报。对于我来说，这是一个很神奇的时刻，当别人的辛苦工作得到回报的时候，我也得到了应有的报酬，这让我想参与到更多的创业公司中。

广积粮

几年之后，我把自己的博客公司卖给了美国在线（AOL），得到了媒体以及投资界的很大关注，因为我熟知怎么利用内容、搜索引擎营销（SEM）以及搜索引擎优化（SEO）进行创业。

一家名为 Saving.com 的公司邀请我加入它的董事会，让我用自己的经验为它提供帮助。这家公司离我在圣莫妮卡每月 2200 美元租金的公寓只有 1 英里（约 1.6 公里）的距离。

董事会里有一群风险投资家，由于我的加入，无聊的董事会会议变得有生趣、有朝气，更具创业气氛。我也慢慢从一个知名的营销专家，变成了 CEO 的激励师。

最后这家公司卖给了一家更大的竞争对手，我得到了 15 万美元作为董事会成员的报酬，是我在 ZeroDegrees 公司得到的 10 倍。

我在业界崭露头角。

DYN，很棒！

2012 年 4 月 21 日，我收到了凯尔 · 约克（Kyle York）的一封电子邮件，他在新罕布什尔州创办了一家名为 Dyn 的创业公司，但在硅谷基本上没人听说过它。他们想进行第一轮融资，想要找一个独立董事帮他们筹集资金以及提升公司形象，我猜测他们肯定是问自己“在硅谷谁最能说？”然后就找到了我。

在邮件里，他们介绍说已经有了几百万的收入和利润。收到这封邮件，我是惊喜异常，因为能在一枚火箭升空之前搭上它就已经很不错了，像 Dyn 这种已经进入轨道的，他们还让我加入，那真是太罕见了。

“好的，我很愿意加入你们。”我告诉他们。然后我为他们提供了两年的服务。工作就像我在 Savings.com 所做的一样，为公司及其董事会带去激励、希望和营销技巧。就像我投资优步让我闻名业界一样，我的播客、博客、电子邮件以及参加各种会议也让我在硅谷小有名气，我全心全意地推动着 Dyn 的发展，称它为“美国东北部的谷歌”。

为董事会服务（为期两年）结束之后的一年，我把自己的股票期权进行了行权。我花了几万美元，但我对公司的信心在三个月之后得到了回报，公司被甲骨文公司以 6 亿美元收购了。

我获得了差不多 50 万美元的收益，是我在 ZeroDegrees 顾问收入的 30 多倍，是我在 Savings.com 董事收入的 3 倍，而这些回报并不一定要成为投资人才能获得。

如果你能得到一份顾问或者董事会成员的工作是很不错的，但是在你能加入一些较大公司的董事会之前，你必须要愿意在一些很小的创业公司工作十来年，因为刚开始只有小公司才需要你，大公司并不需要。

即便在今天，我比以前更加出名了，但都没有机会获邀加入一些业界最有名的公司，如推特、Snapchat 或者谷歌。这也是可以理解的，因为我以前从没有做过这个，但还是让我有点沮丧，因为在我的职业清单上有这么一条。我看到很多普通人都加入了这些公司的董事会，导致像雅虎这样的公司坠毁。

也许当我投资的一家公司上市之后，我将会有机会加入这样一个大公司的董事会，但现在我还将继续脚踏实地地继续我的投资事业。

教训

有一次我出差去芝加哥一个有关移动创业公司的会议进行演

讲，当地一个企业家和我见面，他几个月之前就联系我想让我加入他的礼品卡创业公司。

就叫他亚历克斯（Alex）吧。

和我一样，亚历克斯是一个希腊人，他对自己的创业公司充满了热情，所以我答应与他共进午餐。是与一群穿着随便的移动广告技术人员在酒店的大厅里面吃干巴巴的鸡肉，还是与一位充满激情的创业者去吃地道的希腊菜，这并不难选择。

这个年轻人表现得很好，虽然他公司的名字起得很糟糕，一点都不酷，但他对于如何发展业务有大致的规划，我觉得还不错。关于投资硅谷之外的创业公司，我有自己的一些原则，但是那时他并不需要我投钱，所以我答应给他做顾问。

在之后的一两年，我们定期通电话。我把他介绍给硅谷的顶级风险投资家们，通常一个好的顾问都是这么做的，不管创始人对他们有没有这方面的要求。

亚力克斯是一个精力充沛的人，他家里开了一家很不错的杂货店。他在 Instagram 上总是不停地炫耀一些私人飞机，还有在酒吧里面花天酒地、与 DJ（音乐节目主持人）勾肩搭背的照片。

他简直就是一个演员。

他的公司看起来前途一片光明，但公司的名字又长又难记。我一遍又一遍地告诉他，如果他想把公司做大，就必须用一个更响亮的名字。

有一天他给我打电话，告诉我一个让我惊讶的消息，他购买了一个五个字母的域名。

我们假设这个域名是“Money.com”吧。

我当时惊喜万分。虽然那个时候我们才刚开始卖一些礼品卡，但是像 Money.com 这样的一个域名未来可以让我们把业务拓展到其他领域，而不需要重新塑造品牌。就像亚马逊发布新产品，如 Kindle、Fire、Web Service、Echo 或者 Alexa 时，不需要使用新的品牌，只需统一归属于亚马逊。

他曾经向我吹嘘，说他已经邀请 Jay Z（美国著名嘻哈歌手，原名萧恩·卡特）成为公司的顾问，就像我一样。他甚至把萧恩·卡特的签字确认书发给我看。这让我大吃一惊，因为我知道 Jay Z 特别重视自己的品牌。亚历克斯到底是如何让 Jay Z 对他这家卖礼品卡的网站感兴趣的？

多年之后，他又向我吹嘘，Jay Z 没有在截止日期之前完成获得股份的相关文件，他就把这些股份都取消了。这让我感到很费解，因为之前高调地宣称 Jay Z 成为公司的顾问，然后通过某种手段把他踢掉，这太不地道了。

这就好比你请求史蒂文·斯皮尔伯格（Steven Spielberg）允许把他的名字作为执行制片人放在你的电视剧里面，但是当你的电视剧火了之后，你又把他的名字去掉。你不能这样做。这样做太卑鄙了，完全是小人所为，你应该好好珍惜你的名声。

后来有个新加入的风险投资人也使用亚历克斯这招儿来“清理不划算的协议”，我认识到他们今天能够一脚把 Jay Z 踢开，难保明天不会一脚把 Jay C 踢开。

我与这个风险投资人大吵了一架。毕竟，我已签了合同文件，我也没有错过什么截止日期。但我们争论的焦点变成了我的协议是否到期，是否给他们带去了他们期待的价值。最后，他们要我为公司招聘几名员工，就像为他们招聘开发人员那样，才能保住我所赚到的股份。

我绝对不会同意这样做。

最后，我的希腊兄弟亚历克斯甚至都没有勇气直接来告诉我。他让他的首席财务官撤销了我所有的股权。他甚至没有象征性地给我留下哪怕 1/10，更何况 75% 的股权都是已经生效了的。

我本来是可以去和他争辩一番，但事实是，我觉得去和一个创始人争辩不值得。当然我可以肯定的是，这正是亚历克斯和他的投资人所期待的。

我本来不想把这个故事放在这本书里，但因为这是我唯一一次被创业者耍了的，所以我觉得还是值得和大家分享一下。另外我仍然喜欢亚历克斯，我对他的公司还有信心，希望他能保重。也许当他读到这些文字的时候，他会联系我，我们可以喝着希腊咖啡、吃着希腊菜，像成年人那样和解。

我仍然相当肯定亚历克斯有一天能成为很好的 CEO。如果你能玩弄有史以来最好的嘻哈艺术家，以及一位你努力巴结的早期顾问，你可能挣到很多钱，但代价就是失去乐趣和友谊。

这个故事的重点是要提醒你，顾问的股份并不是一定有保证的，在未公开上市的公司里，没有什么规则，有很多办法可以把你的合伙人扫地出门。你只要看看马克·扎克伯格早年的诉讼以及结果，就可以知道这些事情是多么丑陋、多么寻常。

你将需要一位很好的律师，找到条款清晰的项目，并对你的合伙人进行仔细甄别。即便前面这几条你都做到了，你还是有可能被人坑。这就是金钱、权力以及对于大部分公司来说最重要的股份的本性。

人性真的会变得很丑陋，尤其当他们面对股权结构表上每个人占有的股份时。

四次顾问有三次成功，还不错

当我回顾与 Dyn、Wealthfront、Savings.com 的创始人在一起工作的经历时，我作为他们的顾问，和他们合作都很愉快，多年来他们一直都聘用我，没有人舍不得给我应得的股份，或者试图推翻我们之前的协议。

事实上，Savings.com 和 Dyn 的创始人一直很自豪他们的成功为我带来了巨大的收益。我们收获了共赢，将来有机会也准备再次合作。

同时拥有作为天使投资人或者顾问的成功经历和失败教训，希望能够提高你选择优秀创业者的能力，从而避免以后遇到差的、不成熟的或者无能的创业者。

人生苦短，你应该与优秀的人一起工作，如果你真的被坑了，那就把它当作一个教训以及避免同样错误的小小代价。

第10章

从校园直接到天使投资

牌桌上的肥羊

如果我能够回头再来一次的话，我会选择从大学毕业之后就直接进入天使投资行业。在我20多岁的时候，我的嗅觉很敏锐，我很肯定地知道有些公司，从微软到思科，将会成长为庞然大物。

把几年时间花在父母口中的“玩电脑”上后，我对整个生态系统很了解，我很清楚地知道对于微软来说，从DOS到Windows是一个巨大的飞跃。命令行的界面以及难懂的语言，让计算机成了一个秘密俱乐部，而图形界面以及鼠标让它成了大众的麦当劳。在20世纪80年代当我目睹这一变化时，如果我让我爸从他的酒吧里拿出1000美元，或者拿我妈作为护士5天的加班工资投资了微软，那20年后我家将会有完全不一样的命运。

如果我在1984年给微软投资了1000美元——当时离微软上市还有两年，同一年我买了第一台PCjr电脑，运行的是DOS以及微软的Basic解释器——那我们现在可能是百万富翁了。

那我为什么没能抓住机会呢？我通过每周6小时的“玩电脑”能够得到很多业内消息，但是贫穷限制了我们的想象力。

现在正在看这本书的人，没有任何理由不能凑到500~1000美元，然后开始投资。美国人平均每个月花100美元用来收看有线电视，通过提供共享出行服务你每个小时可以挣到18美元。你只需要别再每天花5个小时躺在沙发上看电视，拿出一半的时间来开车，一半的时间寻找合适的项目，那每年你就有超过15000美元的资金用来进行天使投资。

如果每个公司投资2500美元，那一年至少可以投4个公司，坚持5年不看电视，就可以投20个公司。万一有一个投资得到100倍的收益呢？甚至其中一个投资得到1000倍的收益呢？

太棒了！

但是，你们中的大部分都已经被社会、父母及朋友调教得丧失了改变的勇气，所以你们宁愿躺在沙发上，看着电视，慢慢消沉，也不愿意主动去改变自己的未来。

你完完全全被他们欺骗了、糊弄了，被他们灌了迷魂汤。

你彻底沉沦了。

你就是别人眼中的那只肥羊，但你自己并没有意识到，你每个月都订阅电视节目，点击一下广告，为这些公司做贡献。

是时候把你自己从舒适区中解脱出来了，你没有必要通过订阅昂贵的电视套餐来假装自己有钱，而是通过一些聪明的冒险让自己真正变得富有。

未来就在你身边

我真正意义上的第二份工作是在国际特赦组织（Amnesty International），我为它安装了第一个电脑网络。以前公司的十几位高级管理人员都需要使用拨号的方式，通过一个 2400 波特的调制解调器连接到专用电话线来收发邮件。我们在每个人的电脑上安装了以太网卡，在墙里布上以太网网线，把所有的电脑连接到同一个局域网。

我清楚地知道北电网络开发公司（Novell）、惠普、思科以及该领域无数的供应商都将大挣一笔，但我又一次错过了上船的机会。如果在 1990 年，当思科上市的时候，我能够拿出我 40 个小时的工资（每小时 10 美元）来购买思科的股票，我可以购买到大概 10000 股。37 年之后，这些股票将值 30 万美元，这还只是一家已经上市的公司的成长速度。如果是还没上市的公司，成长得将更快。

如果可以从头再来的话，我会在我的名片上写上“计算机专家，天使投资人”，然后让每个我认识的人给我介绍热门的创业公司。然后我会央求创始人让我对他们进行投资，用我的知识和一点点的资金换取股份。

即便最后投资失败了，即便别人嘲笑我是一个天使，即便我每次只投资 500 美元，我都能够学到很多东西，并且认识很多创业者。

近朱者赤。要想富，就必须站在富人堆里。

第 11 章

如何开始天使投资：联合投资

成为天使投资人最简单的方法

要想做一个成功的天使投资人，你需要投资几十家公司，并且要在世界上最火热的市场投资：硅谷。

但是当你开启天使投资人之旅时，面对各种会议和眼花缭乱的公司，作为一名新手，你会不知所措。

如果你能够在接下去的 30 天内投资 10 家创业公司，而不必自己亲自挑选，你所要做的就是简单地跟着其他已经做了多年天使投资的人进行投资。你会感兴趣吗?

如果你只需要在你的笔记本电脑上进行投资，每笔投资只要 1000 美元。你会感兴趣吗?

这在 10 年前是不可能的事，但在过去的 5 年中，出现了很多这样的平台，可以让天使投资人通过名为“特殊目的实体”（special purpose vehicle，SPV）的合法机构进行联合投资（syndicate，也译为辛迪加）。

天使联合投资

在美国，有很多网站可以提供天使联合投资：AngelList、SeedInvest 和 Funders Club。

在这些网站上，由成功的天使投资人创建一个投资团体或者联合投资团，他们会介绍自己通常投资哪些领域，他们已经投资了哪些公司（过往投资记录），每个投资大概投多少钱（一般是 1 万 ~10 万美元），项目成功退出后他们的提成是多少。

提成是投资收益提成的简称，即领投人分得的投资利润的比例。

根据维基百科的介绍，“提成”这个术语可以追溯到 16 世纪，船长们向商人收取货物利润的 20% 作为他们所承担风险和辛苦的费用。

在这些平台上，领投人通常收取 15% 的利润提成，平台本身会再收取 5%，总共 20%。这正是风险投资公司向自己的投资者收费的方式。这些投资者被称为有限合伙人（limited partner，LP），但风险投资与联合投资有一个明显的不同之处是：管理费。

风险投资人通常以所谓的“20&2”法则向他们的有限合伙人收费：20% 的利润分成，2% 的管理费。管理费是风险投资基金的有限合伙人提前给合伙人的，用来支付一般的运营费用（工资、办公费，TED 和达沃斯等会议的昂贵门票等）。这些管理费用是从基金收益里面扣除的，但在风险投资行业，管理费用目前是有限合伙人们有异议的一点。一个 3 亿美元的基金，2% 的管理费用就是每年 600 万美元。对于一只期限为 7 年的基金来说，那就是 4200 万美元！很多有限合伙人都觉得这实在是太多了，想要减少管理费。

天使联合投资，你只需要支付利润分成。除了很少的律师费用和申请费（通常每笔投资少于 10000 美元，几十个投资人平摊），不需要其他的费用。

像你这样的个人天使投资人，你需要在网站注册，然后加入一个联合投资团（例如我领投的），不需要抵押就可以每个公司投一小笔资金。在我的联合投资里面，最小的投资金额是 1000 美元，但是大部分联合投资团设定的最低投资金额是 2500 美元，这样可以淘汰更多的散户。

当某个联合投资团的领投人分享一个项目时，该联合投资团的所有成员都能够通过网上的介绍对这个创业公司进行评估，包括公司的融资简介以及领投人投资的原因。

联合投资团通常会与创业公司的创始人谈判投入多少资金，一般是 20 万 ~50 万美元（或者种子轮投资的 10%~50%）。如果联合投资团能够吸引足够的投资意愿，交易就能达成。

如果联合投资团的领投人以个人名义为某个项目投了 2 万美元，然后其他人共募集了 20 万美元，那在这轮融资里面他们就投资了 22 万美元。

大家为什么要这么做呢?

创始人对联合投资喜爱有加，是因为它们能够通过一个知名天使投资人为他们带来几十个较小的投资人。

创始人喜欢联合投资的另外一个原因是，在股权结构表上，联合投资只作为一个实体出现：SPV。这意味着将来交易达成时，他们不需要让几十个人签字，只需要有联合投资团的领投人签字就可以了，领投人就是联合投资团所有成员的合法代表。

天使投资人也喜欢这个项目，因为通过简单地分享他们的项目流，就可以让自己的收益提高3倍。举例如下，假如我给一家创业公司投资了2万美元，并且从一个募资30万美元的联合投资里面获得20%的收益提成，公司市值增长到10倍，那联合天使投资团的领投人能收回74万美元，如果我只是个人投资2万美元的话，就只能收回20万美元。

怎么来的呢?很简单，我个人投资的2万美元能收回20万美元，联合投资的30万美元的利润是270万美元，我提成20%，就是54万美元，总共就是74万美元。

联合投资团的成员也喜欢联合投资，因为他们能够投资那些知名天使投资人审核过的项目。也有可能你跟投的是一个很懒惰的天使投资人，投资之前他不做什么研究，但即便在这种情况下，你至少可以根据某人的历史投资记录来选择跟投的目标。另外你没必要跟投每个项目，你随时可以选择退出联合投资。

加入一个天使联合投资团，你唯一需要付出的就是20%的利润，看上去这是一个公平的交易。在写这本书的时候，天使联合投资平台才刚刚兴起。还没有很准确的数据来说明联合投资的收益水平，但事实表明这是一条在天使投资领域有效的、低风险的打怪升级之路。

事实上，我成立了 AngelList 上第一个联合投资团，两年内我投资了 50 个项目，总投资金额超过了 1200 万美元。我非常喜欢这种平台，因为它能让天使投资人为了一个共同的目标组成团队：增加投资组合里面那些公司的价值，提高成功的概率。

如果 20 年前就有联合投资的话，那我 25 岁或者 30 岁的时候就可以开始天使投资了。因为我没有必要投入 100 万美元进行天使投资，我只需要投入 2.5 万 ~5 万美元就可以开始。

这就是联合投资为我们提供的进行天使投资的巨大机会。不管是你投 1000 美元还是 10 万美元给一家创业公司，你都是这家公司的天使投资人，能够获得天使投资人相关的所有权利。在投资的前后，你都可以与创始人会面，通过相互交流可以与他们建立深厚的友谊，你也可以为这些创始人提供资源帮助他们成长。

这就是我为什么建议天使投资新人在自己进行直接投资之前，先参与十来个小的联合天使投资。从这些投资中除了有可能够获得正收益之外，你还能逐步建立自己的声誉，以便将来向创业者证明你的价值，另外还能拓展你的人脉。所有这些只需要 2.5 万美元，仅是你去上 MBA（工商管理硕士）所需费用的 20%，并且你能在一个月之内完成。

联合投资的优势

作为一名天使投资菜鸟，从联合投资开始你的投资旅程和知识积累，你将受益匪浅。如果你愿意，你可以在业余时间完成所有的投资，而不耽误你现在的工作。（我个人不建议同时做这两件事。）

联合投资不需要准备很多文件，甚至你不需要参加任何会议或者做任何尽职调查就可以开始投资。你唯一需要做的就是证明你是美国政府认可的合格投资者，并且知道怎么汇款。

当你完成了 10 个 2500 美元的投资之后，你将与其他几十位投资人一起出现在 10 家创业公司的股权结构表上。仅仅一个月，10 个项目，你就拥有了一个由数百个共同投资人组成的人际网络，以及有二三十个人的创始人网络，因为大部分创业公司都有 2~4 位创始人。

一旦你完成了 10 个投资，你就可以把它们都列在你的领英、推特以及脸书上，你也可以每个月花 15 美元在 Squarespace（自助建网站服务公司）创建一个漂亮的个人网站，把你的投资项目都放在上面。（真该死，我错过了 Squarespace 的投资！）

你也可以像我早年那样，毫无新意地给电子邮件加上一个很长的签名“天使投资人，投资了……”

当你在你的网上介绍信息里面写上“天使投资人”后，很快你就会有项目流了。

刚开始的时候，项目流可能都是一些很差的、难以入眼的项目，因为还没人认识你，不知道你的情况，但这毕竟是你自己的项目流，还是很重要的。这个行业里的所有人都是从门外汉开始的。

除非你姓德雷珀[①]或者康韦[②]，否则你就不是一生下来就在这个行业里的。我们这个行业里收益最大的几笔投资都是来自没有任何创业经历的创始人，如谷歌的拉里·佩奇（Larry Page）和谢尔盖·布林（Sergey Brin），以及脸书的扎克伯格。

也许下一个大公司的创始人在领英上搜索或者浏览 AngelList 的时候看到了你的信息，然后"嘣"的一下，你可能就是那个与他们见面并第一个给他们投资的人。

总是会有人给他们进行早期投资的，那个人为什么就不能是你呢？

---

① 蒂姆·德雷珀（Tim Draper）：美国全球创业投资基金德丰杰基金（Draper Fisher Jurvetson）的共同创始人，共投资了超过两百家创业公司，被称为硅谷风投教父。——译者注

② 罗恩·康韦（Ron Conway）：硅谷著名天使投资人，谷歌和脸书的早期投资者。——译者注

第 12 章

第一个月：前十个联合投资

挑选联合投资项目

正如我们在前一章讨论的一样，在你开始天使投资之旅的时候，联合投资是一种非常有效的手段。每个月都有数十家创业公司在 AngelList、SeedInvest 和 Funders Clud 上进行联合融资。

作为一名天使投资人，3 年时间内，你需要在硅谷投资 50 家左右的创业公司（要注意投资领域的多元化）才能有机会获得超额回报。也就是一个月一到两个创业公司。

这 50 个项目你需要投资 150 万美元才行，平均每个公司 3 万美元。但是，你可能想在前 45 个公司投入 100 万美元，在另外 5 个你青睐有加的公司，每个投资 10 万美元。这样你有可能有机会在这 5 个公司分别获得 5 倍的收益。还有一个因为是你熟知的领域，有可能获得 15 倍的收益，这样你总共可以获得 150 万美元的收益。

在投资界，我们有一个术语来描述能够让你收回所有投资的项目：“龙”（dragon）。所以你的工作就是去寻找龙蛋。

但是现在，我们要做的是让你的简历里面有 10 个高品质的天使投资，以及几十位知名的、成功的天使投资人。

当你在各大联合投资的网站寻找项目时，我建议你主要关注以下几个基本特征：

1. 领投人至少要有 5 年的投资经历，至少要投过一个知名的独角兽项目。
2. 位于硅谷的创业公司。
3. 至少有两位创始人的创业公司（如果有两位创始人，当其中一位退出的时候能有个备份）。
4. 已经拥有投放市场的产品或服务的创业公司（你没有能力去投资那些尚未发布产品的创业公司，也没必要去承担这个风险）。
5. 至少满足以下一个条件的创业公司：（1）连续 6 个月客户持续增长；（2）连续 6 个月有收入。
6. 有著名投资人参与的创业公司。
7. 融资后，创业公司的资金能够支撑 18 个月，这个通常称为现金生命周期。你可以问创始人和领投人，融资后公司的现金生命周期有多少个月？

如果对于这 10 家创业公司，你每家投 2500 美元，那这个阶段的投资结束后你总共投入了2.5万美元。如果你的目标是三年内向50家创业公司投资150万美元，那你刚收入囊中的10个项目还不到你手中筹码的2%。

注意：本书里面提到的“手中的筹码”是指你用于天使投资的全部资金。在扑克中，手中的筹码是指单个时段内你桌上的筹码，这只是你所有资金的一部分。所有资金是指你所有的净资产。不论是玩扑克，还是在现实生活中作为一名天使投资人，你永远不要把你所有的资金一下子都拿出来，因为这样你将面临一无所有的风险。

破产意味着你的资金归零，你不得不离开牌桌。

那你应该拿出多少净资产放到牌桌上呢？你应该拿出多少净资产来进行天使投资呢？这些主要由以下三个因素决定：

1. 你的净资产中能够有多少空闲资金。（例如，这笔资金你是用来3年之内上大学的，还是用于30年后的退休养老？）
2. 你是否能比较容易地挣得更多的钱。（例如，你是一位有百万年薪合同的25岁NBA球员，还是一位有1000万美元净资产的65岁退休老人？）
3. 如果你投资的钱都亏掉了，你会有什么感觉？

如果你喜欢冒险，不介意资金被锁定10年，我认为你可以用你总净资产的10%~20%进行天使投资。如果你能忍受风险，但是不喜欢风险，你有能力在10年内让自己不会出现流动性问题，我认为你可以用你总净资产的5%进行天使投资。

如果你是扑克新手，你是会坐在10万美元的牌桌旁与一群鲨鱼玩，还是先在 100 美元的牌桌旁玩几个月，直到你赢钱?

这就是我所提倡的：利用这个过程来提升你对投资的认识。

如果你在前 10 个天使投资项目中大概只投了你总投资额的 2%（2.5 万美元），而你的总投资只是你总净资产的 15%（也就是说，你有 1000 万美元净资产，你拿出 150 万美元来进行天使投资），这样的话，即便你前 10 个投资都打水漂了，你也只损失了 1000 万美元中的 2.5 万美元，也就是你净资产的 0.25%。如果你的债券投资组合或者股票每年能够获得 4% 的收益，那你就能在一个月之内补回这些损失。

如果你的净资产只有 100 万美元，你损失了 2.5 万美元，也就是说你损失了净资产的 2.5%，那你需要半年的时间从股票市场或者债券组合中补回这些损失。

无论哪种情况，你的投资都不会影响到你渡过难关的能力。

如何进行联合投资

作为一个天使联合投资团的成员，你把自己的控制权移交给了领投人，但这并不意味着你总是被动的。事实上，你可以并且应该像你进行直接投资那样行事。作为一个联合投资团的成员，意味着创业公司的创始人接受了这些股权结构表上的小投资者作为一个实体，由一位领投人做代表。

创始人得到的好处，除了钱之外，就是当公司需要做重要决策时，他们只需要领投人一个人签名就可以，例如他们想要进行过桥融资或者出售。

以我的经验，那些愿意接受联合投资的创始人，他们能够看到联合投资团里面这50位左右投资人的价值。创始人喜欢倾听这些投资者的意见，即便他们每人只投了2500美元。

如果你能够对这个项目投资2500美元，那你也能在下一轮投资中在投资金额后面增加一个零，投资2.5万美元，聪明的创始人都知道这一点。

另外，作为一个联合投资团成员，你可以轻松地做一些很重要的事。例如转发一些公司的新闻，通过你的领英网络给公司介绍潜在的员工或者客户，或者基于你的专业知识为他们提供一些销售、市场营销或者文案方面的建议。

总之，你应该把天使投资视为一场竞争，你应该努力为公司提供比其他投资人更多的价值，也包括我！

祝你好运，因为我已经用了二十几年的时间，建立了一整套平台来帮助创业者。你也可以复制我的方法，或者超过我，但这就不是本书讨论的内容了。如果你想知道这些，并且想成为一个天使投资人，我愿意把这些内容写出来。

说实在话，20年的先发优势并不是那么容易被超越的。但是，纪录就是用来打破的，不是吗？

撰写项目备忘录

对于你挑选的这10个创业公司，你都需要写一个项目备忘录来解释投资的理由，分析你认为存在的风险以及你觉得公司该如何做才能让你收回投资。

每当创业公司要进行新一轮的融资时，你都要把这些备忘录拿出来看看，检验一下你最初的观点是否还适用。毫无疑问你将发现，没人能够准确预测一家创业公司为什么及如何爆发，但还是有一定的趋势，特别是你对该公司的看法。

对于你没有投资的创业公司，你应该清楚地记录拒绝的理由。当你回头看这些笔记的时候，你会发现刚开始你是多么的生疏，随着时间的推移，你会发现自己在不断地进步。

即便你是通过联合投资对创业公司进行投资的，我建议你至少与创始人面谈一次，如果不能多次的话。参观一下他们的办公室，即便条件很差。

如果你去他们的办公室，你就能对公司有一个切身的感觉。他们有没有把钱浪费在昂贵的办公桌椅上？还是像亚马逊公司那样，坐在折叠椅上，把木门板搁在脚架上当办公桌。

最重要的是，唯有当你十分看好公司的创始人时，你才应该对这些公司进行投资。我将在第 17 章详细介绍这方面的内容。

扑克大师

联合投资团就是你的达戈巴①，在这里你可以向其他天使投资

① 达戈巴（Dagobah）是《星球大战》中绝地大师尤达隐居的星球，天行者卢克来到这个星球跟随尤达进行训练。——译者注

大师学习，而不需要任何代价。大胆地问领投人投资的理由，积极地与创始人会面，与他们的客户交流。最终掌握天使投资的秘密武器。

2004 年左右，当我在洛杉矶开始玩扑克的时候，我只不过是一只菜鸟，还没有能力对抗绝地武士。所以我会从好莱坞公园最低下注额 1 美元或者 2 美元的牌桌开始玩，在这里都是一些老头老太太们用他们的退休社保金在玩。

这些老人很保守也很聪明，他们每周玩 6 天扑克，每天玩 10 个小时，已经玩了几年了。

我会买 40 美元的筹码，也就是 20 个大盲注（在 1 美元 /2 美元牌桌上的大盲注是 2 美元），我把这样的牌局称为“绝地模式”（Jedi mode）。

当轮到我下注的时候，我会低头去看我的牌，把底牌拿起来，用大拇指盖住牌的上角，我并不知道我的牌是什么。但是那些老太太们以为我是在考虑自己的牌，但实际上我是在想她们拿了什么牌，如果我下注她们会怎么做。

我完全是在盲打。

就像卢克在欧比旺（Obi–Wan）的指导下进行光剑训练时，戴着头盔和防爆罩一样，这种劣势让我不得不依靠其他的信息：下注人脸上的表情，以及我下注时他们的反应。

前面几周，我可能每周都会有三四次输光 40 美元的筹码。在我弄清楚扑克的奥秘之前，我可能输了两三千美元给这些老太太们，然后我就去玩西海岸赌注最大的赌桌：200 美元和 400 美元的无限注德州扑克，一次 2.5 万美元的筹码。

当我开始玩扑克的时候，我会把牌桌上的 40 美元都输掉。但现在我玩扑克，我可能把牌桌上的 20 万美元都赢回来。

如果你想要成为一位伟大的天使投资人，必须从小项目开始学习，没有捷径可以走。每年，都会不断涌现价值数十亿美元的公司，在我们的余生也将一直保持这样。当然，除非这些创业公司里面有一家能够让我们活到 200 岁，这样的话，你将生活在一个新时代，能看到每年都会出现一家万亿美元的公司。

如果你每次投完 2500 美元，都写项目备忘录、参观创业公司、与客户交流，那当我对你的训练结束之后，你将变成一位强大的绝地武士。我认识一些天使投资人，即便给创业公司投资 5 万美元，也不与创始人私下见面，更不用说写项目备忘录或者参观公司的办公室。

天使投资：不仅仅是一份工作

于我而言，天使投资是一种职业或者一种召唤，就像老师或者绝地武士。你应该认真地对待它，因为你的所作所为也许能够给世界带来巨变。

有些天使投资人对特斯拉进行了投资，特斯拉让全世界对电动汽车另眼相看。

有些天使投资人对推特进行了投资，全世界，包括美国，都因为一条简单的推特风起云涌，到处被革命席卷。

我最大的遗憾：推特

我错过了对推特的投资，因为那个时候我是几家公司的创始人。我愚蠢地认为最好的投资是创办自己的公司。

某个星期天，我与埃文·威廉姆斯（Evan Williams）和比兹·斯通（Biz Stone）一起去吃早午餐，他们给我演示推特如何工作。

“写一条短信，告诉大家你正在吃什么，然后发送到我给你的那个号码。我和比兹也都发一条短信。”埃文说。

我的黑莓手机收到通知，告诉我埃文正在吃拌豆腐，比兹在吃煎饼。

“埃文，没人关心比兹在吃什么东西。这个太傻了。每条短信都要花钱。它们只用来发送重要以及紧急的信息。”

然后埃文和比兹给我解释软件具体是如何工作的。他们会和运营商去谈判，这些信息都将是免费的，通过网络传播，他们可以通过短信内容挣钱，这是一个收入来源。

我不这么认为，因为我是一个博客死忠。就在推特被发明出来前不久，我刚把自己的博客公司 Weblogs 以 3000 万美元卖给了美国在线，我认为自己比任何人都更加了解博客。

我继续发表自己的高谈阔论：“埃文，你听我给你说。你把一篇博客最重要的部分，正文和内容给去掉了，只保留了一个标题。如果我们只要写标题的话，那这样世界上所有人都会认为自己是博主，他们甚至会以为自己能和作家平起平坐！”

埃文给我解释，为什么我的观点有误，但我打断了他，告诉他："不，埃文，是你错了，我永远不会投推特这样愚蠢的、毫无意义的项目。"

这是一个代价 5000 万美元的错误。

天啊，5000 万美元！

直到这以后，我才认识到，我并不需要知道项目是否会成功。我唯一要知道的就是创始人是否能成功。

对于我来说，很显然埃文是一个无论做什么都能成功的人。但是我的自大、虚荣以及试图了解一切的想法把我打败了，让我失去了获得第一个本垒打的机会。

从那以后，我不再试图去理解什么会成功、什么不会，而是用我绝地武士的原力（Jedi power）去发现创始人的原力有多强大。

有了我的前车之鉴，你就不会再重复我的错误了。

特别是 5000 万美元这种。

第 13 章

第二个月：投资人和创业者的 30 天约会

拓展人脉

投完 10 个联合投资项目后，你已经具备了足够的知识来拓展你的人脉，现在你可以这样介绍自己：“你好，我是张三，我是一名天使投资人，已经投了 10 个创业公司，我的投资伙伴包括克里斯·萨加（Chris Sacca）、贾森·卡拉卡尼斯、塞恩·巴尼斯特、纳瓦尔·拉维肯特（Naval Ravikant）以及吉尔·彭彻纳（Gil Penchina）。”

你做到了！

这很简单，是不是？只用了读商学院一小部分的资金，你就已经深入了解了天使投资这个游戏，唯一的遗憾就是还没人认识你。

在接下来的 30 天内，我们通过每天安排两次会面来弥补这个缺陷。

会见 12 位天使投资人

最好的项目一般不会出现在 AngelList 这样的平台上，也不会进 Y Combinator、500 Startups 这样的孵化器。最好的项目不会公之于众，它们会迅速被共享项目流的圈内人以及各大杀手级创业公司的精英创始人所瓜分。

这就是为什么建立一个项目共享网络是如此重要。幸运的是，现在有一项革命性的新技术可以帮助你构建这样的网络，很多大咖都在使用这种工具。这就是电子邮件。

第一步，建立一个电子表格，把你已经投资的创业公司的合作投资人都放进去。每家创业公司会有 50 位左右来自天使投资团的投资人以及十几位其他投资人。这就意味着即便去掉重复的投资人，你也将会有 600 位左右的潜在投资人储备。

在你的电子表格里，把这些投资人的领英、AngelList、推特和脸书链接都加上，然后在这些社交平台上都加他们为好友。当你加他们为好友时，发个消息给他们："你好，贾森，我和你一样也投资了埃文 · 威廉姆斯的创业公司推特。"这可能需要花费你几天的时间，但在这个过程中，你将了解其他投资人是如何向外界介绍自己的。

第二步，创建一个名为"合作投资人"的非公开推特列表，并将所有这些投资人都放进去。把这个列表放到浏览器的收藏夹里，每天打开一两次，给这些投资人点赞，和他们互动，转发他们的推文。

现在通过一个月的工作，你已经与一大票硅谷圈内人建立了基本的“社交货币”[①]——恭喜你，你现在也已经是一位圈内人士了。

接下去就是给那些最受关注的投资人发电子邮件。他们可能是联合投资的领投人，或者是与你一起联合投资的合作投资人。

你可以给他们写封电子邮件，或者在任何社交软件上给他们发封私信。下面的模板可供你参考：

> 您好，贾森，我们一起投资了 × 公司。下周您有时间一起喝杯咖啡吗？以后每周我将大概投两家创业公司，每次至少投2500美元，我很乐意与您交流投资心得。祝您一切顺利！
>
> 张三

当你与其他投资人见面时，你可以了解以下几方面的信息：

1. 他们投资了哪些项目，为什么投资这些项目？
2. 他们为创业公司提供了哪些帮助？
3. 让他们知道你可以给创业公司提供哪些帮助。

---

① 社交货币（social currency）最早是皮埃尔·布尔迪厄（Pierre Bourdieu）在其《社会资本论》（*Social Capital*）中提出来的，后来乔纳·伯杰（Jonah Berger）在他的《疯传——让你的产品、思想、行为像病毒一样入侵》一书中加以推广。他对社交货币的解释是：“就像人们使用货币能买到商品或服务一样，使用社交货币能够获得家人、朋友和同事的更多好评和更积极的印象。”——译者注

4. 问问他们“最近您有什么有趣的项目吗？”
5. 把你最近的项目介绍给他们：“我刚投资了两个很棒的项目。你有兴趣见见创始人吗？”
6. 确认给对方介绍创始人时是否要提前打招呼。

会谈不要太长，并且你需要做好对方出差的准备。告诉他们：“我知道您很忙，我们可以选一个您最方便的时间和地点见面。”

就像其他会谈一样，尊重会谈者，仔细思考他们给你的答案。会谈一开始就注意把你的手机关掉。

在与其他投资者会面的时候，时刻记住你是在接受面试。在我看来，在这些会面中你应该把自己最好的一面表现出来。通过与你的会面，我要知道你是否值得让我投资的创业者用宝贵的时间来见你。请记住，最火的项目一般在大家都知道之前就已经完成融资了。你需要表现得足够好，才能让我把你介绍到这些项目中。

我不想把我的创业者介绍给不合格的菜鸟天使投资人。在我的书中，合格的投资人应该是务实的、考虑周全的、有礼貌的。

当你每次与这些天使投资人会面之后，立即发电子邮件对他们表示感谢。把你投资过的 10 家创业公司及其链接放在邮件里面，问他们是否有兴趣与这些公司的创始人见面聊聊。

肯定会有一些投资人想要你介绍一两位创始人，作为一个只投资了 2500 美元的投资人，你可以向创始人推荐两到三位天使投资人。

现在你已经开始为整个天使投资人生态圈的其他人提供价值，

未来几年你将获得 10 倍的反馈。

最后，你需要给你所有的创始人发个电子邮件，告诉他们如果有其他创业者正在寻找投资人，或者其他投资人也想拓展自己的人脉，你很乐意他们把你介绍给这些人。他们可以随时给你发邮件，不需要提前征求你的许可。

如果你不喜欢被这些邮件打扰，那你就入错行了。

会见 25 位创业者

见了十几位天使投资人之后，是时候开始寻找“私有项目流”，也就是说建立你自己的项目流，而不是只盯着在 AngelList、FundersClub 公开的项目或者 Y Conbinator 演示日（demo day）路演的项目。

这里有两种不同风格的电子邮件模板，你可以用来与你见过面的十几位天使投资人交流：

> 贾森，很高兴上周与您会面。我看到您对特斯拉进行了天使投资，我觉得它在绿色出行领域会有很不错的前途。不知道能否麻烦您把我介绍给埃隆·马斯克？我十分认同埃隆的理念，我现在有两个具体的想法能够帮助特斯拉提升市场营销和媒体公关水平。

你应该注意到，上面的邮件并不是“贾森，你能把我介绍给埃隆·马斯克吗？”这样虽然简短，但是这样的邮件毫无激情、随随便便，换句话说，你给我的感觉是你一点儿都不重视这个事。

人们更愿意与那些认同自己理念的人交流，所以你要花一点时间来说明你为什么觉得对方的理念很好，以及你能够为他们提供什么帮助。

另外一个你可以使用的电子邮件模板更简单和直接：

您最近有什么好的项目吗？

如果你尝试把上面这样的邮件发给十几位天使投资人，我觉得每封邮件至少会给你带来两位创业者的线索。这样你就可以准备与25位创业者会面，都是由他们现有的投资人介绍给你的。

现在你已经是一个圈内人士了。通过别人的热情介绍，你认识了这些正在四处融资的创业者，介绍人就是已经投资了这些创业者的投资人。

我把这个过程称之为“建立圈内声誉”（reputation in a box）。

现在你可以想象一下你是多么快就进入了优质资源圈子。

好了，不要再想了。

立即回去行动吧。

以退为进

在第二个月，你将会见25位创始人。你将听他们的汇报，向他们提一些简短的问题，并把他们的回答记录下来。如果他们问你能否对他们进行投资，你可以告诉他们你需要一些时间来考虑。

在会面的时候千万不要立即答应投资。告诉他们你需要做一些调研并考虑一下项目条款。等你与25位创始人都见过一轮面之后，再从中挑选一个最好的。

如果你在这25个中难以选择的话，我建议你做一个电子表格，标上“很好、好、一般”等级别。一般来说这三个级别就够了。对于标记“一般”的公司，用一句话描述你不准备投资的原因。通过这个客观的描述，你可以在半年、一年以及两年以后来检验你的预判能力。

对于标记“好”的公司也同样操作，写下你不投资的理由。对于标记“很好”的，假设有4个，写出你认为它们会成功的原因。现在你的表中有三列：公司名称、级别、投资或者不投资的理由。

请记住，你可能有一百个理由认为这些公司会失败，所以要拒绝一家公司并不难，但通常你最多只能找到一两个理由接受某家公司。

对于排名最靠前的四家公司，也就是“很好”级别的，可以与创始人约第二次会面，做一下尽职调查（详见第24章）。在你的电子表格里添加第四列，写上你第二次会面后的意见，对于这四家“很好”的公司，最终你只会选择其中一家进行投资，把你接受和拒绝的理由都写上。

在你的日历里面设置间隔六个月的提醒。打开电子表格，在表格里面再添加一列，对于你淘汰的这24家公司，标注它们现在的状态，特别是它们现在是否融到了更多资金或者倒闭了。

要不断从你过去的这些决定中学习才能更好地做出下一次预

测，如果不把你的想法写下来并经常去检验，你就没法提高预测的能力。

这里给你提个醒：对于那些进驻 Y Combinator 或者 500 Startups 等孵化器的创业者，他们接受过培训，会设置一些假的期限以及人为的稀缺性。千万不要被骗了！我已经记不清楚有多少次那些在 Y Combinator 的公司告诉我它们这轮的融资下周就会结束了，他们想确认我是否参加这轮融资。

我遇到过最可笑的是，有家公司直接给我发了一份投资意向书，上面投资金额填了 10 万美元，但我甚至都没有和他们见过一次面。我告诉他们这不是我的做事风格，他们可以来我的办公室与我的助手谈谈。三周之后，当他们真的到我办公室之后，他们原先说马上就会结束的这轮融资，其实还虚位以待。

真是太不可思议了。

这个阶段的投资之旅与你进行的联合投资不一样。进行联合投资时，项目都是别人帮你选好了的，你只需要把你所投资项目的 logo（标志）放到自己的网页上。但是在这种直接投资的项目中，你需要有更多的方法。

接下去我将介绍路演会上你需要知道的一切。

当你看完后面的 11 章，你就能开始投你的第一个项目。

真的吗 ?!

当然，我不是和你开玩笑。

让我们开始吧。

第14章

我经历过的最好和最差的路演

蜂拥而至的路演

当你走上天使投资之路后，你的每一天都将被路演会挤满。诚然，就像生活中的任何事一样，不管它有多么独特和不寻常，当它们不断重复的时候，你将养成各种不良习惯、不专业的偏好，变得冷漠甚至彻底的傲慢。

年轻的时候，每周我都会在布鲁克林的志愿者救护车上做一两晚的志愿服务。开始的时候我是做调度员，最终成为一名紧急医疗救护员。当我们总部的电话铃响起的时候，那真是万分紧急，有时我们会从打盹中惊醒，有时我们不得不立即放下食物，冲上救护车。警笛声划破寂静的夜空，把正在经受痛苦折磨、垂死挣扎，有时甚至已经死去的人抬上担架推车。

我印象最深刻的是，第一次为一对病人夫妇服务时，看到其他经验丰富的救护员镇定自若地工作，让我想起了绝地武士。但另一方面，我也看到很多老救护员不停地开玩笑，违规操作，对病患及家属态度粗鲁。

当你从事某项工作的时候，不管是飞行员、救护员还是投资人，都会养成很多习惯。要想取得成功，很重要的一点就是养成好习惯，远离坏习惯。

创业者之间经常会分享他们的投资人会议细节，所以在投资领域你的声誉就意味着一切。如果你能够为投资者提供帮助，并且能务实地、设身处地地为创业者考虑，那你将赢得很好的声誉。如果你是一个不专业的、傲慢的、自负的人，或者你利用在公司的职务做任何不利于创始人的事，那你就完蛋了。

有些创业者对于自己公司的融资有很多要求，对于他们来说，你的 25000 美元与我的或者其他投资者的钱并没有什么区别。他们在投资会上对你的印象将决定你是否能够参与投资。

我经历过最好的和最差的路演

当我准备创办第二家公司的时候，我想知道是否有风险投资人愿意对其进行投资。我给两家风险投资公司以及一位天使投资人各发了一封简短的电子邮件，告诉他们我已经把我创办的前一家公司以 3000 万美元卖给了美国在线，公司卖的时候距离创办仅 18 个月，现在我又准备创办另外一家公司。

我认为如果我的邮件简短明了，并且告诉他们我创办的上一家公司成功卖掉了，应该会吸引这些投资者，他们会给我反馈的。第一个给我答复的是红杉资本的迈克尔·莫里茨（Michael Moritz），他给我回了邮件，然后又打了我办公室的电话，几个小时后又给我的手机留了言。

不愧是投资了谷歌、思科、苹果和YouTube的世界上最伟大的风险投资公司，同一天之内用三种方法答复了我的邮件。

这就是为什么红杉资本能成为有史以来最好的风险投资公司的原因。

马克·库班曾给我的第一家公司投资了30万美元，也在同一天答复了我的邮件。凯鹏华盈公司（Kleiner Perkins）的约翰·杜尔（John Doerr）亦是如此。

几周之内，我与这三家公司进行了多次会面。红杉资本给了我一份投资意向书，凯鹏华盈给了我一个两阶段投资的口头承诺，马克当场就答应给我投资。

三家伟大的公司，都同意投资，并且它们都能非常快速地跟进。

但是，有意思的是约翰·杜尔在我们的会谈中睡着了。

当我们进入问答环节，约翰·杜尔开始昏昏入睡，但又总从瞌睡中惊醒过来，会议室的所有人，包括我自己，都没有说什么。事实上，我们都假装没有注意到，因为约翰·杜尔是一个传奇。这可是投资了谷歌、网景、太阳微系统公司以及亚马逊的男人。他简直就是风险投资之王。

这还不是当天唯一诡异的事。约翰·杜尔头上有一道划伤，他不时用手去摸一下，他的胳膊用绷带吊着。虽然没有看到其他外伤，也没有看到血迹，但是总感觉他不太正常。

当他离开会议室后，他的一位同事把我拉到一边给我道歉。他告诉我，那天早上约翰·杜尔从他的自行车上摔了下来，受了伤。当时他吃了止痛药，他的同事劝他别来上班，但他还是坚持来了。

天啊！

从自行车上摔下来，吃着止痛药，约翰·杜尔还坚持参加我的路演会。怪不得他能成为亿万富翁！

当我正准备结束这次融资的时候，一家比较小的公司从我的某位天使投资人那里得到风声，得知我正准备接受红杉资本的投资，这家公司据说当初错过了投资谷歌。我们暂且称它为“风险投资公司 A”吧。

他们问我是否还有机会给我发个投资意向书。我告诉他们我差不多已经做好决定了，但我还是愿意与他们见见面。与我见面的是他们的一位年轻合伙人，这里我不方便透露他的名字，这个小伙子充满着激情。他告诉我很满意与我的会谈，他希望我能参加他们下次的合伙人会议。

尽管我住在洛杉矶，出于对天使投资人朋友的尊重，我准备飞去旧金山。A 公司位于斯坦福大学旁边的砂山路（Sand Hill Road），我在这家公司参加他们的合伙人会议。我本来是想和他们见见面，然后去不远处的红杉资本公司拜访一下鲁洛夫·博塔（Roelof Botha），他是红杉资本的新合伙人，将会加入我公司的董事会。

那个时候还没有优步，我搭乘最早的一趟航班到达之后，只能拖着疲惫的身躯到 Hertz 租车店取车。我不是个习惯早起的人，所以那天早上 5 点起床，我的睡眠不足，整个旅程让我完全不在状态。

当我刚启动汽车的时候，发现了我在乘坐航班时收到的一个语音邮件。正是 A 公司那个组织见面的年轻风险投资人，这个我一大早飞去准备路演的二流风险投资公司。

这个初级合伙人说他已经与高级合伙人谈过了，他们认为我的新公司不适合他们，所以我没必要去参加他们的会议了。搞什么鬼？顿时我就气血上涌，愤怒不已，我决定当面去与这个家伙对质，虽然这样写出来好像有点疯狂和尴尬。

面对面。

在他的办公室。

立即。

在他的合伙人会议上。

当我到了他们办公室后，前台接待员问我找谁。我指着正坐在大会议室里与十几个人开合伙人会的人告诉她我要找谁。

他脸色变得苍白。他的合伙人都看着我，他从会议室里面冲了出来。"你没有收到我的信息吗？我们的会议取消了，对不起！"

我告诉他，他这么做是多么愚蠢，我会把自己遭受的待遇告诉我认识的所有创业者。他恳求我先冷静一下，要带我先出去吃点寿司。当时愤怒让我风度全无："你这个蠢蛋，完全不考虑我那么远坐飞机飞过来，为了这次会议我浪费了一整天的时间以及几百美元……"他打断我说："你说得对，对不起。"

但我无法平静下来。在我年轻的时候，我有一个很不好的习惯，喜欢给那些蠢货解释他们为什么蠢。从那以后，我明白了一个道理，对付蠢货最好的办法就是不要让他们接近你的公司，如果可以的话，甚至不让他们出现在你的生活中。

当时我继续在接待室咆哮："你怎么能这么愚蠢呢？你大可不必取消我的会面。你应该让我参加会议，然后拍拍我的头，告诉我我的想法很棒。第二天再和我说，你的合伙人不同意我的意见。"

"你说得对。"他说。

直到今天，整个事件，包括对方是否应该在我到了他们所在城市后取消会谈，以及我在他们公司前台愤怒的举止，都在一直告诉我应该如何与创业者会谈。因为现在我是处于投资的一方，需要充分尊重创业者的自尊。

我们看看如何做到这点吧。

第 15 章

路演之前该如何准备

简单谷歌一下是不够的

你应该为每个创业公司的路演分配三个小时的时间：一个小时的会前准备，一个小时与创始人见面，以及一个小时的会后分析。

如果你准备去与一位创始人见面，你需要对他们公司进行一些研究。包括看看他们的产品，了解他们所针对的市场、他们竞争对手的情况，以及谁已经投资了这家公司。

有些信息是可以免费获取的，有些是他们公司的秘密，不能在公开渠道获得。

脸书并不是第一个社交网络软件，所以我们有很多对比研究的对象。事实上，当时已经有很多成熟的竞争者，如 MySpace、领英、Friendster 等。所以即便当初由于脸书仅限于用校园邮箱进行注册，你无法试用它的产品，但在路演会之前你还是可以研究相关的产品。

对于优步和 Airbnb 来说，要研究它们能开发哪些市场，或者至少改变哪些市场，是很难的。福特公司以及本地租车公司提供的服务与优步提供的服务没有什么关系，传统旅店的客户在早期也不会入住 Airbnb 的，因为那个时候 Airbnb 主要针对那些被各种稀奇古怪的小装饰品所吸引、愿意冒险住到别人家里的游客。

也就是说，哪怕你只是搭乘一次优步，或者在别人提供的 Airbnb 出租房住一个小时，你得到的研究信息也将超过很多对这两家公司进行投资的人，你会给创始人留下深刻的印象。

请记住，你的竞争对手并不会认真地与创始人会谈，因为他们觉得自己是掌握决定权的一方。

你的挑战并不是把钱投出去，而是说服正确的创始人接受你的投资。

第16章

在路演中该如何做

最少一个小时

你至少应该花一个小时与创业者面对面地会谈，因为这样可以向创业者表明你对他们很重视，愿意花足够多的时间来了解他们的业务。

现在，我不仅是每次会议花一个小时，我还多留出半个小时来，以防他们时间不够。我会让创业者不停地讲，直到他们累了为止。我的很多会谈都持续两个小时，有的甚至超过两个小时——这都是真的，我没开玩笑。

我这样做的原因是，想让大家都知道我是一个愿意给创业者足够时间的人。大家总是对我说："我知道您很忙，我不会占用您太多的时间。"但是我的工作就是与创业者会谈。这是我最喜欢做的。

我这并不是纸面上说说而已，现实确实如此。我喜欢与别人讨论他们的想法、他们的产品以及他们对于未来的展望。相比这些，唯一一件我更喜欢做的工作就是去实现这些想法，让自己成为获胜的一方。

我那帮玩扑克的哥们经常会开玩笑一样介绍我是投资了Wealthfront、优步和Thumbtack的投资人，我都不需要自己开口。

你也可以从另外一个视角来看待这件事：如果你准备进行一次面谈，其实这次面谈是30分钟、45分钟或者一个小时是没有什么区别的，因为为了准备这次面谈你需要额外两个小时的调研。如果面谈的时间是30分钟，那你总共为这次面谈花费的时间是两个半小时，如果面谈的时间是一个小时，那总共需要花费三个小时。所以从整体来看，两个半小时和三个小时是没什么区别的，不是吗？

全神贯注

在你正式开始会谈之前，最后再检查一次你的手机，让他们知道你把手机关机了，然后问他们想如何进行会谈。我一般会这样说："你是想给我看看你们的路演材料，介绍一下你们的产品，还是谈一谈你们的业务？"

这可能与他们熟悉的套路有点差别。我的同行们一般都是由自己来掌控如何进行会谈。这样做也是合理的，因为每个投资人都有自己的流程。但是当我看着这些投资人的时候就想："我怎样才能比他们做得更好一点呢？"

我的朋友戴夫·麦克卢尔（Dave McClure）[①] 自己也承认是一个注意力无法集中的人，我记得有一次看到他直接从一位创始人手里抢过笔记本电脑，自己操作着键盘翻看创始人的演示文档。另外还有一次是在我举办的 LAUNCH Festival 创业大会上，这个会议是让各个创业者路演自己的项目以便能进驻我的孵化器。虽然戴夫是那次大会的专家评委之一，但他不停地发着推特，对台上路演的创业者漠不关心。

现在我们并不是严格意义上的竞争对手，因为大部分天使投资项目都有十几位投资人，我们每个人都会形成自己的特点，以此来增加我们的项目流。

如果说戴夫的特点是注意力不集中的话，那我的特点就是注意力高度集中。

带上笔和纸

当你开始会谈时，你应该表现得像接受电视采访、晚上就会在当地新闻里面播出一样认真。集中注意力，带上本子和笔方便你做一些笔记。千万不要用你的笔记本电脑来做笔记，不要给人留下用手写笔在平板电脑上做笔记的印象。

你一定要记住，千万别用手机来记笔记，这样看起来像个白痴。成年人都是把笔记记在纸上，以便日后查阅。如果你在笔记本

① 戴夫·麦克卢尔是硅谷著名天使投资人，500Startups 孵化器的创始人。——译者注

上记笔记，你会给别人一种感觉，你对他们的产品和想法很重视，值得你日后经常翻阅。

开启静音模式

当会谈开始的时候，你应该说一声："等一下，我先把手机关了。"

重要的人物都能关掉他们的手机，因为其他人都可以等他们。不重要的人才需要时刻注意自己的手机，因为他们总是生活在别人的控制中。

如果你现在还没明白这个道理的话，也没关系。我也是花了一些时间才领悟到的。

最好不要在咖啡馆会谈

在咖啡馆举行会谈也不是不可以，但如果你想表现得专业点，一个正式的会议室还是很有必要的。事实上，如果你准备投资，但连个可用的会议室都没有，这不免会让我胡猜乱想。

自从我与诸如巴里·迪勒以及 Allen & Company 公司（一家精品投行）的精英银行家们开过会之后，我就迷上了"布置会议室"的工作。在他们的会议室里，桌上摆着薯片、削好的铅笔以及便笺本，他们在你不知情的情况下按个按钮就可以叫服务生进来。

在我们的会议室里，有鲜榨果汁、各种零食、手机充电器、笔记本、钢笔以及各种你可以想象到的手机转接头。我的助手或者公司行政人员会引导我们的客户前往会议室，帮他们在会议前把电脑安装调试好。另外更棒的是，我们还有旧金山最好的茶点师准备的咖啡和茶。

我想让所有的与会者有一种在米其林餐厅开会的感觉。我想让大家都知道我们是专业的。

我并不是试图用奢华的办公室来打动别人，但我确实是想让他们知道，他们是在与世界上最专业的天使投资人会谈——虽然我现在只能排到前五或者前十。

细节决定成败。

最好的问题无法事先准备

我逐渐认识到，最好的下一个问题是隐藏在别人对你上一个问题的回答中。作为一名记者、博主以及投资人，我采访或者面谈过成千上万的人，最好的访谈就是互相交流。在这种交流中，你不需要列一个问题清单，只需要与对方互相交流各自的想法。

你只有更善于倾听，真正理解对方说的话，才能更好地与对方交流。当然，在本书中我已经给你列出了一些需要问的重要问题（详见第18章），但是更为重要的是你倾听的能力。专注和多听少说并不是成功者与生俱来的本领，但我知道大部分成功者都具备这种特质。

当我做播客访谈的时候，我把这种访谈技巧应用到了极致。每次直播我都只谈一个主题，简单到只有一两个单词的问题，如“太阳能？”或者“食物生产？”

路演中别轻易决定是否投资

千万别在会谈中就决定是否投资。我以前这样做过，现在还后悔。如果你在路演中就做出是否投资的决定，会显得你比较冲动、考虑不周全。这对于一位天使投资人来说，是比较负面的印象。天使投资人应该是审慎的、有条不紊的。

创业者都是很有人格魅力以及说服力的，这样才能招揽很多只拿一半工资的人跟着他们干活。大多数创业者具有一个共同的超能力，那就是说服力。当你离开他们的现实扭曲场（reality distortion field）① 的时候，这种超能力就会失效。

厉害的创业者会直接问你：“您投资吗？”或者“您准备投多少？”这时你最好的回答就是：“你们这个项目挺好的。给我几天时间，我再想想，我们下周一再谈怎么样？我可能会给你发个电子邮件，再问你几个问题。”

开完会之后，设置一个下周一待办事项，记得到时告诉他们你的决定。

当然，如果你决定再与创业者多见两三次面，你可以通过任何方式亲自发消息约他们。

---

① 现实扭曲场是苹果公司内部创造的一个词汇，用于描述史蒂夫·乔布斯所具有的极致个人魅力和对他们的影响力。——译者注

第 17 章

如何挑选好的创始人

经常有人问我："你怎么选择好的公司进行投资？"

你不是选择好的公司。

你应该选择好的创始人。

过滤项目流

自从5年前我开始天使投资以来，总有人不断地告诉我两个道理。

第一，要想成为伟大的天使投资人，你必须选择对的创业公司。这句话太对了，太有道理了。以后我只挑合适的公司。

第二，没有人能够知道哪家公司会爆发，哪家公司会最终消亡，即便是在硅谷以此为生的我们也不例外。

那我又怎样才能够调和这两个普遍存在但又互相矛盾的问题呢？你既要选择正确的公司，但又没人知道哪家公司是正确的！

我的经验是，虽然没人知道哪位创始人以及创业公司能够取得突破性的成功，但还是比较容易知道哪些创始人以及项目不太好，或者说得更难听点，能够知道哪些创始人以及项目基本没有成功的希望。

我用两种方法来筛选与我联系的创业公司。首先筛掉格局较小的创意以及能力较弱的创始人，然后再重点关注那些厉害的创始人以及伟大的创意。

虽然我不知道哪个行业将出现下一个谷歌、优步或者脸书，但是我很确定哪个行业没有前途，不必在这些行业上浪费时间。

这样就可以事半功倍，把精力集中在有望成功的人、足够大的市场以及清晰明了的创意上。

当我收到一封电子邮件时，我从来不会立刻就进行约谈。我首先会问他们有多少全职员工，实现了多少收入，已经融了多少资，他们怎么吸引客户，以及他们为什么要做这个项目。全职员工数量以及融资历史可以告诉我他们烧钱的速度以及他们银行账户里面还剩多少钱。当我把这些结论告诉创业者时，他们都觉得我有特异功能，因为他们并没有与我分享这些数字。

如果他们一上来就坚持要面谈，那他们要么早已名声在外，要么就是很无知，或者两者都是。

在面谈之前多问一些细节，能够显得你比较专业，而不是纯粹为了找个人聊聊天。

天使投资有时需要一定程度的残忍，并且会浪费你不少时间，因为成功的概率太低了。每投资一个项目，你至少需要对50个创始人说不，或者“等等再说”。我经常讽刺后者为间接拒绝。同时你也要明白，你投资的200个项目中，可能会有一个投资的收益占据你所有投资收益的99.9%以上。

现在我们先来计算一下。如果我能好好地完成我的工作，在我从事天使投资的10年内，我将要评估一万多个创业项目，与数千位创始人面谈，这样我才能找到200个左右的项目进行投资，这其中也许197、198甚至199个项目带来的收益都可以忽略不计。

换句话说，几千次的面谈，几百万美元的投资都会打水漂，但是其中的一个投资——最好的那个——将会给我带来5000倍的收益，这也会让我成为最优秀的投资人。

这就是天使投资。

我们应该尽快地筛选项目，因为为了找到能够投资的首期十几个项目，你需要进行数千次面谈，也许今年在其中你就能遇到5000倍收益的项目。

这本书的读者肯定会有人能投到收益5000倍的项目，说不定就是你！

寻找具有扩张性的项目

在我的世界里有两种类型的企业：疯狂扩张型的，以及其他。

独立电影、餐馆、酒吧、普通的酒店、咨询公司、服装厂、精酿酒厂这些行业，除了极个别的例外情况，无论你和创始人多么努力地工作，这些企业都很难扩大规模。

我所谓的扩张是指获得数十亿美元的估值。这意味着需要公司有几千万到数亿美元的营业收入，我的股票价值才能够增长几百倍。

即便你拍了一部囊括奥斯卡奖的电影，那最多也就是获得 2~10 倍的回报。因为通常情况下，电影的投资协议会对投资收益做出限制。即便没有这种限制，电影公司会以固定的价格购买你的电影并分销出去，并通过一些会计手段让你看不到最终的利润。

正如我认识的某位富豪所说："你想知道如何通过拍电影挣到 10 亿美元吗？那就是投入 100 亿美元。"另外一位好莱坞的圈内人告诉我，有钱人投资拍电影的唯一原因就是可以去参加各种狂欢派对。

现在也许你觉得我关于企业扩张的想法是不对的，因为你看到麦当劳、星巴克、露露柠檬（lululemon）等公司也成了巨无霸。但是这些公司很难进行扩张，通常它们需要几十年的时间才能成长为市值数十亿美元的企业。

我们大部分人都没有三四十年的时间来积累我们的财富，我们希望能在 5~10 年内做到这一点。如果你认真读了我这本书，并按照我教你的去做，我觉得这应该是一条可行的路。如果你比较一下传统行业（例如星巴克、麦当劳等实体店铺）以及信息科技行业（如软件），你会发现完全没有可比性。

星巴克成立于 1971 年，为了创造 10 亿客户，需要开设几万家店面，每家店每天平均要卖 500~700 杯咖啡。

脸书于 2011 年发布了即时通信软件 Messenger，2016 年用户就达到了 10 亿。为此，他们将软件放到互联网上，翻译成几十种语言，可立即供全世界所有人使用，并且能够由此挣钱。

今天，如果麦当劳想获得 100 万美元的利润，它必须卖 1000 万个汉堡给 500 万 ~1000 万个顾客，因为据报道每个汉堡只能挣 10 美分。但是像 Slack 这样的软件公司，它的聊天软件按用户数每人每年收取 150 美元，只需要销售 6700 份软件就可以盈利 100 万美元，因为销售和分发软件边际成本基本为零。

一旦你的软件开发好了，1000 个人用与 100 万个人用的成本基本一样。但是对于汉堡和咖啡来说就不是这样，它们都需要很大的运营场所，大量的牛肉或者牛奶，还需要雇用很多低薪的员工来烹制，他们面带着假笑把食物送到你手中。

现在，你可能会想脸书如何去吸引数十亿现在还不能上网的人，但是严酷的现实是，他们作为客户是毫无价值的，因为如果他们无法拥有一台电脑或者手机，他们就没钱去买你的软件，他们也不是广告商的目标。

但也不要太担心，因为有史以来最伟大的企业家、慈善家比尔·盖茨以及他的妻子梅琳达正在全球致力于消除贫困。你知道吗，他们正在一步步接近成功。当他们成功的那天，我们将会增加几十亿的客户。

克服惯性思维的盲区

当然，当你在这方面越来越熟练，你将形成一种本能，能够快速找出合格的创始人和创业公司。但你要小心这种本能失效的时候，因为你长年累月形成的经验规则和惯性思维可能会带来盲区。

例如，你可能会习惯性地认为那些只会山寨别人产品的创业者肯定不能获得成功。那当别人介绍马克·扎克伯格给你认识时，他给你演示脸书的原型，你可能会把他当成一个骗子直接拒绝，因为最开始脸书与 Friendster 或者 MySpace 很像。

这样你可能就错失良机了，因为出现一个比 Friendster 和 MySpace 的设计更简单、更易理解的社交网站的时机已经成熟，技术上也希望能有一个团队能够通过平台的扩展来应对数亿级别的用户。

这个世界需要扎克伯格这样的人来做这件事，同时也需要彼得·蒂尔这样的人慧眼识人，他给扎克伯格投了 50 万美元，获得了公司 10% 的股份。

只关注创业者，而非创意和市场

我通常都是基于运营公司的人来选择公司，而不是创意或者市场，因为我知道没人能够知道未来会怎么样，但是我能知道这个公司的人是否足够优秀。

“我不需要知道你的创意是否能够成功，我只需要你这个人是否能成功。”这是在我的博客里面不断重复的一句话。

当你从事天使投资之后，你需要花一些时间来评估各位创始人以及他们创业的动力。你可以问自己一个简单的问题：“如果可以的话，你是否会投资这个人？”如果你都不愿意投资这个创业者，那你就不应该投资他的公司，因为创业者和他们的公司没什么区别，两位一体。

脸书就是扎克伯格，扎克伯格也就是脸书。肖恩·帕克（Sean Parker）认为扎克伯格有很高的投资价值，所以他就成了脸书的首任总裁，并且把扎克伯格介绍给了他的朋友彼得·蒂尔——第二个认识到扎克伯格价值的人。

人并不代表一切，却是唯一的评判标准。

第18章

为创业者准备的四个问题

一千次面谈

天使投资人的工作就是管理一个项目漏斗（deal funnel）：寻找项目、评估项目，最后挑选创始人进行投资。

为了决定对哪个创业者进行投资，天使投资人最常用的方法就是与创业者进行一次面谈，但也不能一概而论。有一些天使投资人使用的主要方法是跟着其他聪明的投资人安排他们的路演会和项目流。

另外一种方法是简单地查看一些核心指标并据此做出决定。这些信息可以通过翻阅路演材料或者查看一些公开信息（如应用商店的排名）以及网站流量监控服务（如Alexa以及Quantcast）来获得。

有些投资者有很广的人脉网，他们仅仅投资认识的创业者，这种方法对于那些已经认识埃隆·马斯克（在特斯拉和 SpaceX 之前创办了 Zip2 和 PayPal）、埃文·威廉姆斯（在推特之前创办了 Blogger）、马克·平卡斯（在 Zynga 之前创办了 Freeloader 和 Tribe）的投资人特别管用。

当然，“投资熟人”的方法也意味着你可能会错过史上最大的一些创业公司和最伟大的创业者：马克·扎克伯格、比尔·盖茨、伊万·斯皮格尔（Evan Spiegel）、拉里·佩奇。这些人在他们第一次创业的时候就大获成功，那时他们分别才 19 岁、20 岁、21 岁以及 25 岁。

面谈很重要，并且是免费的，你应该多参加一些这种面谈。对于一个专业的天使投资人来说，每周应该进行十次左右的面谈，每次一个小时。如果你是兼职做天使投资，数量可以减少一半左右。

当你开始约谈创业者时，我能够给你的最好建议是：面谈应该多多益善，但是写支票须谨慎，不要像曾经的我那样随便。

我将为你介绍我为所有创业者准备的四个最重要的问题。准备这些问题的目的不仅仅是让你了解业务，更重要的是让你找到以下问题的答案：

1. 该创业者为什么选择这个项目？
2. 该创业者的投入程度如何？
3. 该创业者在这个项目以及生活中具备哪些成功的条件？
4. 我的回报有多少？

如何提问

在这些面谈中，你的工作就是扮演神探可伦坡（Columbo），这是20世纪70年代一部风行超过30年的经典电视中一直被低估的、低调的侦探。你的工作不是通过向创业者解释他们做错了什么，或者吹嘘自己的英雄投资史，甚至是自己的创业史，来炫耀或者展示自己是多么的聪明。

在这些面谈中，你应该多听少说。问问题时需要简单明了，不要超过10秒钟，然后仔细地听对方的回答，当你在纸上做笔记的时候，需要聚精会神地思考——就像神探可伦坡一样。

这样认真地倾听可以达到两个很好的效果，一是创业者能够感受到你在倾听他们说话并且理解他们所说的。

人们如果知道自己在被认真地倾听，他们就会说得更多。

这就是为什么当你和你的心理医生谈论你的母亲时，他们会倾斜着头、同情地看着你，嘴里说着“嗯——”。然后他们会引导你说“再和我多说说你母亲的事情”，或者“这方面再展开说一说”，或者简单地说“你母亲——”。

他们的这些提示都很简单，只有几个单词。最后一个的效果最好，因为它只给出了一个开头，你可以在这个话题上任意展开。

你就像是电视剧《黑道家族》（*The Sopranos*）里托尼·瑟普拉诺的心理医生梅尔菲，当你的老板向你倾诉感情或者痛苦的时候，你就耐心地坐着。如果你是一位好的倾听者，那你将会是一位好的投资者、一位好的朋友、一位好的父母、一个好人。

第二，如果在会谈中你能够精神高度集中，对创业者有更深入的了解，你也将能深刻地理解为什么别人说创办公司时如果有不理性的追求，那失败的概率会高达八成，并且百分之百会遇到挫折，这样你就能更好地决定该对谁进行投资。

基本上，如果你能够闭上嘴，像一个侦探或者心理医生一样去倾听，对于那四个问题，你将得到比其他天使投资人更多的答案。

你将获得更多的成功，失误更少。

暖场问题

当你开始与创业者面谈时，可以问一个活跃气氛的问题来暖暖场。

问题 0. 你是怎么认识某某的?

如果你是通过某位熟人介绍认识这位创业者的，你可以用这个简单的问题来快速找到共同话题。根据得到的答复，你就可以接着问一些后续的问题。例如创业者说他们是与介绍人在一起工作，你就可以接着问："你和他在一起工作啊，感觉怎么样？"

我有一个原则，当我说某件事的时候，我会用尽量少的词汇，因为这种面谈不是来谈论我自己的，而是用来了解创业者的。并且这样也可以让我看起来更睿智，就像《星球大战》里面的欧比旺·克诺比或者日本电影演员三船敏郎（Toshiro Mifune）演过的角色。

下面是我会问每个创业者的四个问题。这些问题的答案可以尽可能多地为你的投资决策提供帮助。在一个小时的面谈中，我们会把前半个小时花在这些问题上，然后再深入地谈其他内容。

问题 1：你正在做什么？

我会问“你正在做什么？”而不是问公司做什么，如“谷歌公司是做什么的？”或者“我为什么要投资谷歌？”甚至是更加咄咄逼人的问题：“现在已经有 11 个搜索引擎项目都失败了，你为什么认为谷歌能成功？”因为这样可以更加强调创业者以及创业者做的事。这表明你与创业者之间形成了共鸣，你能够认识到成功的关键不在于事（谷歌能帮你搜索到想要的信息），而在于人（拉里和谢尔盖能够编写软件帮助别人更快地找到信息）。

问题 2：你为什么要做这个项目？

又是一个很简短的关于创业者自身的问题。当我问完这两个问题之后，通常我都能看到创业者很放松地坐在沙发上，他们能够感受到我对他们的重视。就像神探可伦坡在与嫌犯面谈时会关心地问：“你为什么会在这里？”而不是问：“在谋杀案当晚你在哪里？”

就像可伦坡一样，我也在寻找杀手级的创业者，并且尽可能地排除嫌犯。

对于“你为什么要做这个？”这个问题，会有一些很糟糕的答案。其中你常听到的两个最不好的回答是“为了挣钱”以及“因为某某公司（某个成功的公司）没有做”。

如果有人是为了挣钱而创业的话，那他们最终会放弃，因为他们会发现有很多更好更快的挣钱法门。如果你想挣钱，更好的办法是成为某个领域的世界级程序员，然后让谷歌或者脸书聘用你 10 年，每年给你 100 万美元的股票和工资。这样你就不需要冒任何风险，每天只要几个小时，还可以有不限量的免费午餐。

如果你仅仅是因为其他成功的大公司没有提供某项功能而创业，那你未免太幼稚、太愚蠢了。几年以前就有人不断地向我推荐“用于新闻搜索的谷歌”、“用于视频搜索的谷歌”，以及“用于书籍和杂志搜索的谷歌”。最后结果怎么样想必大家都已经知道。

最近，别人总是向我推荐“送餐的优步”、“共享直升机的优步”以及“购物的优步”。

虽然也有一些这样的创业公司成功了，因为它们比大公司的起步更早，但是通常这些创业公司都会被挤垮或者被便宜收购。Summize 是专门搜索推特的搜索引擎，当推特很难在技术上超过 Summize 时，它们就把 Summize 收购了，就像收购 TweetDeck 一样。TweetDeck 是一个更好的推特客户端，能够同时查看多个来源的消息。但是相对于收购者获得的收益而言，投资者从 Summize 和 TweetDeck 的收购中获得的回报很小。

这些为大公司的产品开发某项补充性功能的“创业者”有一个很大的问题，那就是他们缺乏远见，这也是我为这些“创业者”打上引号的原因。他们选择其他公司产品的某个功能作为自己的终身事业，而不是做一个完整的产品或者是怀有某个伟大的使命，这让他们不能成为一个真正的创业者。

埃隆·马斯克没有去生产电池组：他生产电动汽车，并最终提供一个能源解决方案，包括太阳能、家用电池，甚至当你读到本书的时候，也许还提供类似优步一样的共享出行服务。

从小处着手是没问题的，但是不能没有远见。关于“你为什么要做这个”的正确答案往往因人而异。特拉维斯·卡兰尼克和加勒特·坎普因为在巴黎参加一次技术大会打不到出租车而创办了优步。埃隆·马斯克为了给人类留一条后路而创办了 SpaceX。没人知道的是，埃隆最初的想法是在太空中建造温室以搭建一个生态圈——就像布鲁斯·邓恩（Bruce Dern）主演的电影《宇宙静悄悄》（*Silent Running*）那样。值得一提的是，这部电影比《星球大战》早了 5 年，《星球大战》里面 R2–D2 机器人的灵感都是来源于这部电影里面的无人机。

扎克伯格不善于与女生打交道，于是他创建了社交平台，这样他就能知道大家的人际交往状态。

再仔细想想：世界上有比繁衍后代更重要的事情吗？根据达尔文以及弗洛伊德的理论，没有。所以扎克伯格的社交恐惧症造就了人类历史上增长最快的消费产品，这主要是基于人们寻找伴侣或者与前任恋人联系的需求。

问题 3：为什么是现在？

这个问题已经在硅谷存在很长一段时间了，我第一次听到这个问题是来自我的朋友，红杉资本的鲁洛夫·博塔，这位风险投资人说服我成为他们公司的“投资猎人”，在此我收获了至今最大的两笔投资：优步和 Thumbtack。

如果你问了这个问题，那你的真实意图是想问：“为什么这个想法现在能够成功？”

对于优步来说，答案很简单：手机已经普及，并且都自带 GPS。事实上，比优步出现早一年，就已经有另外一家公司通过短信来预订出租车。这家公司对于这个问题的答案就是“短信”，但是说实话这还不够。如果没有高性能的中央处理器、漂亮的大触摸屏以及军用级精度的 GPS，就不可能有优步。

对于 YouTube（鲁洛夫·博塔是其第一个投资人）而言，“为什么是现在”这个问题的答案是很多因素和突破性进展的共同作用。首先是互联网泡沫破灭之后带宽成本的大幅下降；其次是被称为云计算这种新事物的出现，导致存储成本的降低；再次是博客的兴起。数百万人每周在网上撰写几千万篇文章，而 YouTube 提供了一种很巧妙的方法可以在这些博客中嵌入视频，这样就能免费获得大量的观众。

在 YouTube 出现之前，有数十家视频网站，但是它们都向用户收取带宽费和存储费，这就意味着如果你想在互联网上发布一个视频，如果视频疯狂传播的话，你将要支付数万美元的服务器账单。但是 YouTube 相反，它会为热门视频中的广告支付几千美元给你。

在我举办 LAUNCH Festival 创业大会的第一年，Dropbox 上线了，由红杉资本对其进行投资，关于“为什么是现在”这个问题，Dropbox 的答案与 YouTube 一样：带宽及存储成本的大幅下降。

创业者们对于“为什么是现在”这个问题的答案普遍认识不是那么深刻。当我在 2004 年创办博客网站 Weblogs 时，我有一个很简单的观点：全新的作者每天发布 5 篇简短的、未经过滤的文章，会比那些成名的记者花费一周时间完成的、再经五六个人仔细编辑的故事吸引更多的读者。

当我认识到这一点时，我就很坚信自己的观点，但即便是《纽约时报》的记者也没有这个意识。我记得我们的博客 Engadget 第一次去报道拉斯维加斯消费电子展（CES）时，遇到了传奇科技记者约翰·马可夫（John Markoff）。他问我们有几个人来展会，我说 15 个。他惊讶得下巴都掉了，他又问我们多久发一个报道，我告诉他一天 4 次。

他说：“你们要在 CES 写 60 篇文章？”

我再告诉他：“我们的记者每人每天写 4 篇文章。所以是每天 60 篇文章……你的团队多久写一篇文章？”

他说他们有 3 名记者来参加展会，在接下去的一个月，他们每人会写两三篇报道。所以他们总共会发表 6 篇报道，而我们在这 5 天中每天都会发表 60 篇博文。

从某些方面来说，“为什么是现在”是最重要的一个问题，因为在我们这个行业总是有很多人不断地重复尝试相同的想法。

谷歌是第十二个搜索引擎，脸书是第十个社交平台，iPad 是第二十个平板电脑。并不是说谁第一个做，谁就会成功，而是当市场条件成熟之后，谁第一个做。

问题 4：你有哪些特别的优势？

最终成功的创业公司，它们的创始人往往都会具备一些特别的优势。谷歌与斯坦福有很好的关系，有很多编写算法的天才程序员。脸书上线的时候，扎克伯格还是哈佛大学的学生，他们对于校园文化很熟悉，可以知道线上社交平台的动态。马克·平卡斯推出Zynga之前，已经与脸书有过多年的交叉推广业务，这让Zynga能够跟着脸书的发展而快速成长。玛丽·盖茨（Mary Gates）担任美国联合劝募协会（United Way of America）的执行理事会主席时，IBM的CEO也是该理事会成员，所以IBM直接雇用她的儿子比尔·盖茨的公司——微软，来为IBM的第一代个人电脑开发操作系统。

这个问题换一个说法就是："你有什么独一无二的资格来做这个项目？你有什么秘诀能够帮助你打败现有的竞争者以及虎视眈眈的跟随者？"

有时候创业者对于这个问题给不出答案。不过这也没关系，以后当你回顾这些项目的时候，你会发现很多面谈都是终止于这个问题。

从中我们可以知道什么

问完创业者这四个问题之后，你应该对于这个人想做什么以及为什么做，有了一个清晰的认识。

向创业者提的这四个问题，实际上也是每位天使投资人在投资之前需要自己回答的问题，这对天使投资人自身也有很大的帮助。请记住下面这几个投资人需要弄明白的问题：

1. 该创业者为什么选择这个项目？
2. 该创业者的投入程度如何？
3. 该创业者在这个项目以及生活中具备哪些成功的条件？
4. 我的回报有多少？

通过30分钟的面谈以及这四个问题，你将会对创业者为什么选择这个项目、为什么选择现在，以及他们做了什么有一个深入的理解。

你可能还不知道的是他们实现愿景的具体战术细节，包括他们的市场策略、团队情况、竞争环境以及商业模式的思维差别等。

在面谈的下半程我们将寻找这些问题的答案。

另外我们对于创业者的背景也还不清楚。我准备了一些高水平的与个人有关的问题，这样我就能够知道与我打交道的是一个什么样的人。

1. 这个人是不是一个富二代，拿着父母的钱在玩票？
2. 这个人是不是一个工薪阶层家庭的女儿，她看着自己的父母在外面开出租车、为别人打扫卫生，他们辛苦打拼只是为了让她过得更好、上得起哈佛大学？
3. 创始人的父母是不是像全能型的诉讼律师，包办了他生活中所有的事——从雇用员工到市场调研，再到吸引顾客，但最终走向双输的局面？

后面我们将寻找这些问题的答案。

继续我们的审问……呃——我是指面谈。

第 19 章

深入交流

另外五个问题

在上一章，我们花了很大的篇幅来介绍当你考虑是否投资某个创业公司时，你必须问创业者的四个最重要的开放式问题。

创业者对于每个问题都大概需要花 5 分钟来回答，也就是总共 30 分钟左右，占了面谈时间的一半。记住，当创业者回答问题的时候，你应该在笔记本上记笔记，而不是记录在电脑或者 iPad 上。如果你用 iPad 来做笔记，会有点像一个小孩一样，所以请像一个成年人一样用精致的笔在笔记本上记笔记。

这些细节都很重要，人们会注意到这些。

现在，我们只是了解了一些很重要的信息，包括那些会在尽职调查里面出现的问题，例如他们以前公司的名称、他们的竞争者，以及他们提到的客户（在第 24 章会有更多这方面的内容）。

你还可以快速地记下创业者提到的一些行业术语或者关键词，例如我在投资优步的时候，经常碰到“出租车牌照所有人”（medallion owners）这样的单词。会后我会研究这些人是谁，他们怎么挣钱，为什么在市场竞争中他们效率很低。

你也要把你的问题写下来，这些问题虽然很重要，但是在面谈的头半个小时内不要打断创业者的回答。

也许你会听到一个从未听过的技术术语缩写（例如 MVP，最小化可行产品），或者某本书里面的某个理论（如邓巴数、有轨电车难题）。先把这些都记下来，稍后再去问创业者：“对不起，刚才你提到的有轨电车难题，我以前没有听说过，它是什么意思？”

对于我没有听过的每一个单词，我都会要创业者解释清楚，不管是某个公司的名称，还是某项技术或者理论。这能够给我带来三方面的好处。首先，表明我认真的态度。其次，我能够知道创业者是否能把问题解释清楚。最后，我获得了新知识。当我与创业者见面的时候，他们经常诧异于我对他们业务知识的熟悉。慢慢地，我从一个局外人变成了该业务领域最受尊重、知识最渊博的专家之一。

即便我在这些创业公司会损失一半的投资，但我还是会投资它们，因为这样会极大地增长我的见识。

现在，作为一名投资新手，你可能会打破我们说过的“多听少说”的原则，做一些我让你不要做的傻事。你可能会把自己陷入创业者答案里那些不必要的细节中；有一些小问题，你可能不会记下来，而是直接打断创业者的回答；你可能会浪费宝贵的时间，你应该把时间用在搜集最重要的四个投资者问题的答案上。

为了能够回答这四个大而全的投资者问题，你需要让创业者尽情地谈论和展示真实的自己。在前半个小时里，如果你说话超过了5% 的时间，那么你就做得不对，你将得不到你做投资决策所需的信息。

这四个问题，每个问题你都只需要 10 秒钟来提问，总共不到一分钟。另外 29 分钟你应该都用来倾听和记笔记。

我训练自己不要说话，这对于我来说不是一件容易的事，我看着手表对自己说："接下去至少 3 分钟内我不能打断创业者。"这种训练还真管用，很快我就能安静地坐在那里做笔记，5 分钟或者 10 分钟，就像绝地武士一样平心静气，认真地研究创业者。

如果在前半个小时你用问题对创业者狂轰滥炸，那在你弄明白"为什么"之前，创业者就会觉得你是一个唠叨不停的人。在最坏的情况下，创业者可能会想"他是不是又要打断我？会谈之后他是不是还会这样不停地来烦我？"

我曾经就是这样的投资人。

你千万不要成为这样的投资人。

现在你已经学会如何不说话，那就可以继续问十几个简单的问题来结束会谈。

让我们进入会谈的下半程。

经营策略问题

这里有几个简单的经营策略问题你可以问创业者，通过这几个问题你可以知道他们准备怎么实现他们的愿景。你可以这样开始这部分的会谈："我可以问几个经营策略问题吗？"他们会说当然可以，然后你就可以要他们快速或者简要地回答一下这些问题，这样他们就知道你只是需要一个简短的答案。

1. 请谈一谈你竞争对手的情况。
2. 你准备怎么盈利？
3. 你怎样向用户收费？
4. 用户平均在你这里消费多少钱？
5. 可能导致该项目失败的三个最大风险是什么？

这些问题都不难回答，优秀的创业者都能很快回答完。下面是Airbnb对这五个问题可能的答案：

1. Hotels和HomeAway是我们最大的两个竞争对手。它们都更贵，通常比Airbnb的住宿要贵两到三倍。
2. 我们收取交易服务费。
3. 我们从房东收取3%的服务费，从房客收取10%的服务费。
4. 平均每个房客会住宿1.7晚，总费用225美元，我们从中收取大概40美元服务费。
5. 监管是我们最大的挑战，找到房源是我们的第二大挑战，保持稳定的、高质量的用户体验是我们的第三大挑战。

现在如果有一个创业者能够回答得像上面这样好的话，你应该会兴奋不已了。很多创业者，以及大部分的骗子都不能客观地说清楚自己的商业模式，这也就是为什么他们需要一个董事会，并且每个月开一次会，投资人能够帮助他们诚实地面对自己的项目。

根据我的经验，很多创业者可能会按照下面的方法来回答这些问题：

1. 我们没有任何竞争对手，除非有人在 Craigslist（类似于 58 同城）上出租自己家里的沙发。我们现在所做的，其他人都做不到！
2. 我们收取交易服务费，我们也将有广告收入，我们还将卖我们的数据信息以及软件。另外我们以后还能出售商品！
3. 很多！
4. 曾经有一个用户连续住了一个月，还有另外一个房东以 5000 美元一晚的价格出租他的豪宅，并且上个月租出去 10 天！
5. 我们不可能失败的。我们唯一需要考虑的问题是，我们能把这个生意做多大！

狂妄是创业者的重要特质，但是需要注意的是有些人可能会严重脱离实际。他们说的不着边际，回答的与实际情况没有一点关系。

你的工作就是去了解创业者到底有多么疯狂。这就有点像是一个摇滚明星，你需要把自己弄得朋克点儿，把酒店房间搞得乱七八糟，但是你得有一个度，不要把自己弄进监狱或者作死了。

看一下电影《前往希腊剧院》（*Get Him to the Greek*）里面的奥尔德斯（Aldous Snow）[①]你就知道了。

计算烧钱速度的秘诀

在与创业者的面谈中，我经常能够准确地告诉他们，他们现在有多少现金，多久会烧完这些钱。其实这个很简单：只需要把他们的营业收入、全职员工数量记下来就可以算出来。

例如有一家名为德尔塔的创业公司，每个月靠卖企业软件有 1 万美元的收入，他们在硅谷有 5 位全职员工，平均每个人的年薪大概是 12 万美元，也就是每个月 1 万美元，可能非工程师的年薪是 7 万美元，而程序开发人员是 15 万美元。你还需要为每个人支付一些薪酬税。

如果是在美国其他的城市，我会把全职员工的薪资设低一点，在创业初期大概每人一个月 8000 美元。

这样，德尔塔公司每个月需要支付 5 万美元的人员费用，可能还有 1 万美元左右的杂项开支，每月总共大概支付 6 万美元，也就是每个月要烧掉 5 万美元（因为他们每个月还能靠卖软件收入 1 万

---

① 奥尔德斯在这部电影中是一个著名摇滚明星，他我行我素，完全不顾及自身形象，每天都生活在殴打记者、酒后驾车、吸毒、逛夜店的醉生梦死状态中，无论白天还是黑夜都是一副神志不清的模样。——译者注

美元)。

在交流中，我还会问一下他们现在已经筹到多少钱了。比如说，他们一年前筹集了 100 万美元。那我就能够估计过去的一年他们每个月用掉 5 万美元，一年就是 60 万美元，银行账户上还剩下 40 万美元，如果继续每个月烧掉 5 万美元，那就还能支撑 8 个月。

我会这样对创业者说“你们每个月大概烧掉 5 万美元，还能支撑 6~8 个月？银行里面是不是大概还有 40 万美元？”

他们都满脸震惊地看着我。我是怎么知道这些的?

有时候，我会根据收入的变化来调整计算，就像这样：“德尔塔公司现在每两个月就能收入翻一番，所以你们 6 个月后就能收支平衡。现在的资金你们还能撑 8 个月，所以你们并不需要再筹钱，是不是？”

这个时候，创业者估计都崩溃了。

有一次，一个创业者问我：“是不是有人把我们的计划和收支情况告诉你了？”

没有。

这一切都很简单。我只是比较留心，把相关的数字都记下来了，然后随时做一些比较粗略的计算。

我看到很多创业者把所有的时间都放在创业公司上，自己没有做一些简单的计算，就像我在面谈中做的那样，所以他们经常很意外地就没钱了。

关于创业者个人的问题

你可以向创业者问一些与他们个人相关的问题，以便更好地了解他们。我最关心的一个问题是："你父母是做什么工作的？"

我经常这样说："和我谈谈你的父亲和母亲吧。"但有时这个问题可能不太合适，因为有些人可能有两位母亲，或者两位父亲，或者只有单亲，所以最好的方法是请创业者谈一谈他的父母。

根据我的经验，没有什么能够比谈论成长经历更能拉近两个人的关系。有时这个问题会变成很有趣的长达 20 分钟的交流，你会听到有些人来自蓝领家庭，他们的父母可能是护士和门卫，辛辛苦苦把他们送进常春藤学校。有时，有些人可能会谈到在他 10 岁的时候，他的母亲就去世了。

我之所以喜欢问这个问题，是因为它能够拉近我与创业者之间的关系。创业者的父母为他们设计的人生道路十分关键，几乎与创业者他们自己选择的道路一样重要。

就像别人曾经告诉过我的那样，可能会有人告诉过你，他们的父母曾创造了一家传奇的公司，他们从小就看着这家公司从他们家的地下室一路走到公开上市。你会根据这些信息做出投资决定吗？大概不会，但是通过了解他们的成长经历，你能够知道这些经历对他们的影响有多大。同样你也能够知道他们创业的方法。

在硅谷，大部分人都认为，移民家庭的孩子最渴望成功、最有进取心。也许有一些这样的例子，但是比尔·盖茨和马克·扎克伯格都是来自美国的不同特权阶层。

我曾经见过一位真正的富二代，他的曾曾祖父曾是强盗资本家，虽然他是含着金汤匙出生的，但他最终成为一位特别坚韧的创业者。我也曾经见过移民家庭的孩子，虽然大家都认为他最应该是坚持不懈的，但是他很快就放弃了创业公司，去一家大公司打工了。

虽然没有根据家庭情况来决定是否对创业者投资的金科玉律，但是我从他们的成长故事中了解到的信息非常有用。

第 20 章

如何区分创业者和骗子？

真实的创业者

今天成立一家科技公司，就像20世纪60年代或者70年代成立一个摇滚乐队一样。当时他们纷纷制作乐队主唱以及动态的相关电影和电视节目，而现在大家宣传的都是创业公司。

比尔·盖茨和史蒂夫·乔布斯是我那个时代的偶像，不久之后，杨致远、杰夫·贝佐斯和马克·安德森（Marc Andreessen）也进入该行列。当然，他们创办的五个公司，现在还有三个仍然是世界上最大的公司：微软、苹果和亚马逊。

接下来就是脸书，电影《社交网络》的热播，不仅让扎克伯格声名远播，还把他的第一位天使投资人彼得·蒂尔以及全能顾问肖恩·帕克变成了传奇人物。

CD（光盘）的销售在 1999 年达到了 150 亿美元的顶峰，随后因为受到新技术，特别是互联网的影响，销量掉头直下，急剧萎缩。随着收入的骤减，音乐偶像也没有以前那么受欢迎了。

当音乐产业低迷的时候，我们行业的明星，史蒂夫·乔布斯抢走了他们的风头，用 iPod 和 iPhone 把苹果公司从 IT（信息技术）行业的笑谈——类似美国在线或者雅虎这样的前车之鉴——变成了我们的北极星①。

史蒂夫·乔布斯创造了这个行业有史以来最大的印钞机，目前苹果公司一个季度的盈利（780 亿美元）比全球整个音乐行业一年的销售额（420 亿美元）还多。

当我写这本书的时候，埃隆·马斯克和杰夫·贝佐斯成为创业者们的偶像。当你读到本书的时候，行业偶像也许会是 Cafe X 或者某个人工智能公司的创业者，他们以超出我们想象的速度来解决各种问题，吸引了全世界的目光。

每个人都想成为创业者，但是他们不知道这意味着什么。其实成为一个领导者是很糟糕的事，因为最终不仅要为自己的表现负责，还需要为整个团队、市场、投资人、竞争对手，甚至你的客户负责。

今天大部分自称是创业者的人仅仅是在扮演创业者的角色，不管他们是否知道这一点。

是的，创业者无法推卸责任，当事情出现问题的时候，创业者

---

① 北极星（North Star）是苹果现任 CEO 库克很喜欢用的一个词，他说乔布斯是他的北极星，给毕业生做演讲时也要年轻人找到自己心中的北极星。——译者注

需要承担所有的责任。

没有人记得你是怎样成功或者失败的，只会记住你是成功还是失败了。

人们会把所有的后果都算在你的头上。几年之内你会有一堆诉讼和不好的事情，这方面你问问扎克伯格就知道了。但如果你能创建数十亿美元的项目，那就没人会在乎这些，刚好相反，人们会说你是天才，即便你坑了你所有的朋友，或者多次欺骗了你的客户都无所谓（这个你也可以问问扎克伯格）。

作为公司的创始人，也就意味着所有的难题都需要你来解决，哪怕这些问题是你团队里面最聪明的家伙都解决不了的。试想一下，如果你的创业团队里面有 6 个人，他们每个星期都会遇到 3 个解决不了的问题，也就是隔一天就有一个，这就意味着你每个月会遇到超过 15 个很有挑战性的问题，其中很多还是无法解决的。另外作为创始人，你自己还会遇到一些问题。

如果你生病了、厌倦了、心情不好了，怎么办？去你的，赶紧自己去想办法！

如果你没有足够的资源，你最好的程序员辞职去谷歌了，那又怎么办？去你的，赶紧自己去想办法！

如果最支持你的投资人离婚了，同时他投资的最大公司被股东起诉，从而丧失了 90% 的客户，本来他答应在下一轮要对你增加投资，这又怎么办？去你的，赶紧自己去想办法！

如果专利流氓盯上了你，在你发布产品的第二天决定起诉你，又该怎么办？去你的，赶紧自己去想办法！

作为一个创业者实在是糟透了，但是如果你是一个经常关注社交媒体和电视的年轻人，你看到Snapchat的创始人伊万·斯皮格尔娶了年轻的模特，并且公司也上市了，你会觉得创业者身边都是香槟和玫瑰。

我喜欢看到人们被灯火吸引着扑过去，即便他们有可能被烧伤，甚至死亡，但他们至少尝试过。

但是，作为一位投资人，你必须要小心，你不能投资那些没有能力处理各种无休止问题的人，因为那就是创业者的生活。

下面我们来谈谈作为天使投资人，怎么判断与你会面的人是一个骗子还是一个创业者。

创业者的特质

一个伟大的创业者，他的核心特质是不懈地追求自己愿景中的世界。当你作为天使投资人与创业者面谈次数越多，你就能越快地感觉到创业者对他们创办的公司是否足够重视。

你需要搞清楚的是，当事情变得困难时，这个创业者是否会放弃。如果公司的银行账户里面还有300万美元，那谁都会来工作，因为不仅能拿到高额的薪水，还有免费的食物。

当钱烧完之后，如果三个月不发工资，没有免费食物，还要劝说团队成员只拿50%的延期工资，这个创业者是否还能坚持下去？

一家创业公司倒闭的首要原因实际上并不是像大多数人想的那样，烧完了钱。创业公司失败的最大原因是创业者的放弃。

我看到过很多创业者弹尽粮绝、垂死挣扎，为了挽救公司，自己做着兼职，甚至用自己的信用卡来支付员工的工资。

现在出现了新一代的伪创业者，他们痴迷于创业公司的“生活方式”，当没有遇到苦难时，兴致高昂地想创办公司，但他们谁也不愿意拿低于谷歌的薪水。

如果创业者在谈论他们在创业公司的工资时说“我的工资要和谷歌给我的一样多”，那就能肯定将来如果这个创业者有更好的去处时，他一定会拂袖而去。当然，在谷歌你挣的钱最多，因为它有巨大的印钞机，甚至不知道怎么把这些钱花掉。

另外一个明显的信号是，创业者在没融到资之前不开始工作；或者创业者不想做具体的工作，如进行电话营销；抑或创业者想在工作和生活之间保持平衡。

如果在公司盈利之前，创业者就热衷于参加 Coachella、TED、TEDx 或者其他会议，那他们不应该是你要投资的目标。

当我看到创业者把时间浪费在不能直接吸引投资者、客户或者团队成员的事情上时，我是会望而却步的，我会把我的筹码放到其他地方。

对于那些把钱和时间花在办公环境而不是产品上的创业者，我也是一样的态度。

泰姬陵综合征[①]是一家公司达到顶点后由盛转衰的标志。当我看到苹果公司正在建造人类历史上最令人惊叹的公司总部，中心是

---

① 泰姬陵综合征（Taj Mahal syndrome）又称为“大厦情结”，是指公司把钱花在修建和装修各种富丽堂皇的办公大楼上。——译者注

一个占地280万平方英尺的太空飞船形状的建筑，而它的手机和电脑却被最忠实的粉丝所批评时，我也只能摇摇头。

史蒂夫·乔布斯去世之后，苹果公司最伟大的产品会不会就是它的公司总部呢？

也许真会被我一语成谶。乌鸦嘴。

不是秘密的“秘密”

还有一个很明显的信号就是，创业者早早地就把公司的股票卖掉，把所有的风险和责任都转嫁给他们的投资人。有一款名为“秘密”（匿名社交软件，能让你匿名诽谤别人）的小程序的两位创始人在2015年就是这么干的。

据报道，这两位创始人要求参与B轮融资的投资人以及一些愚蠢的风险投资人给他们每人300万美元，这些投资人不顾一切地想参与到他们的病毒式传播获得的成功中，但这是建立在人们互相诽谤的基础之上的，很显然这个软件也只能用来做这个。

这两个家伙拿到了大把的现金，去买了一辆法拉利，在自己的员工和其他同行面前招摇过市。

请记住，如果你真的大赚了一把，首先就是应该保持低调，不要进行任何引人注目的消费。

当他们拿到这笔钱之后，很快就把公司关掉了。谷歌公司的风险投资负责人比尔·马里斯（Bill Maris）说：“他们这简直就是抢银行。我认为他们应该把所有钱还给我们。”

沉默中爆发还是沉默中灭亡

如果一位创业者不怎么与他的投资人沟通了，那很有可能就是他的项目快不行了（详见第 27 章），但也有一小部分创业者是因为性格内向，只会埋头苦干。

区别这两种创业者的方法是，观察创业者在面谈时的表现以及他们对你的电子邮件的反应。有时当人们发冷邮件（cold email）给我时，如果我觉得他们的产品或者领英上的介绍很不错时，我会问他们三个具体的问题。一般我会发一封如下的电子邮件给他们：

张三，

你的产品看起来不错，我有下面几个问题：

1. 你们每个季度的收入是多少？
2. 产品已经投放市场多久了？
3. 过去几年我看到有很多与你们类似的产品都失败了，你为什么觉得你的项目现在能成功？

贾森

当高效的创业者收到这类邮件时，他们会很快给出简洁的答复。但是，大部分时候你会收到一些不着调的长篇大论，这样的创业者经常离题万里。

这些在沟通中经常东拉西扯的创业者，很有可能做不长久。他们可能只是把自己装扮成一个创业者。

就像我的跆拳道教练的教练告诉他的那样，他也经常这样告诉我："空的才能踢得最响！"如果你总是不断地要求进行下一个段位的考试，或者总是问为什么别人能升到下一个段位，而你不能。总是喋喋不休的学员通常在两年内就退出了，最多拿到棕色腰带。只有平心静气、精力集中的学员才能始终如一，最终成为黑带。

第 21 章

项目评估

创业公司处于哪个阶段？

当你在一个创业项目的初期对其进行评估时，没有太多的数据可以参考。你可以把天使投资分为两类：没有市场吸引力（pre-traction），有市场吸引力（post-traction）。市场吸引力是来自使用产品以及购买产品的用户。没有市场吸引力意味着产品没有用户或者收入。

对于还不具备市场吸引力的项目，创业者在谈论创业项目时，你会听到这些项目处于不同的阶段，从早期到后期大概包括以下几个阶段：纸上概念阶段、项目调研阶段、商业计划阶段、产品概念模型阶段、功能原型阶段、最小可行产品阶段、公测阶段（β 测试）、影身模式（stealth mode）阶段。

对于处于早期阶段的项目，投资失败的概率更高，但是更低估值带来的回报还是值得你去承担这个风险。

通常来说，如果一位首次创业者只有一个写在纸上的创意，那他并不值得你投资。如果你是一位首次创业者，你应该完成功能原型或者最小可行产品，如果能够进行一次公测就更好了。如果家里有钱的话，首次创业者可以向有钱的父母或者姨妈筹措 2.5 万美元，这样他就可以辞掉原来的工作，并且聘请一位设计师来完成这些前期步骤。

如果你是一位有着丰富经验的创业者，以前创立过公司并卖掉了，你可以用写在纸巾上的商业计划或者一个简单的创意（如“我准备关注一下教育类的 App”）从你的朋友那里拿到 50 万美元的种子轮融资。但如果哪位经验丰富的创业者真的这样做了，对于投资人来说还是需要警惕，因为他们自己需要有能力做出最小可行产品来，并完成公测。

作为一位天使投资新手，当你评估硅谷的项目时，你没有理由去投资那些还没有市场吸引力的创业公司。当然你可以投，但是你需要承担不必要的风险。另外由于你的时间是有限的，不建议你与任何还没有在市场上投放产品的创业者进行会面。

在我看来，创业者如果还处于创意、商业计划或者最小可行产品之前等阶段，就不应该去找天使投资人。如果他们来找你，那就表明他们靠自己做不出产品来，也没有能力招揽牛人或者从亲朋好友处融资来做产品。

这样做公平吗？不！

这个世界是公平的吗？不！

你只有 30 颗子弹，这不是做慈善，这是一场战争。你要与最好的团队面谈，他们能靠自己做出产品来，他们有最好的市场吸引力。

也许当你大赚一把之后，你可以为那些只有商业计划的人搭建一个孵化器，或者为那些不知道编程的人创办一个编程学校。但是本书的重点是教会你如何投资 30 家创业公司，并且让你的回报大于投入。根据我的经验，介入太早期的项目是天使投资新手最常犯的错误。下面是我在市场上看到的粗略统计数据，也许能够让你放缓脚步：

• 99% 的人只把创意留在纸面上，却从不去实现。
• 95% 的人在写下商业计划之后不去执行。
• 90% 的人在做完原型后无法做出最小可行产品来。
• 在完成了最小可行产品的人中，有 80% 的人没法去进行公测。
• 完成了公测之后，又有 80% 的人没法成立公司。
• 公测成功之后，有 95% 的人不会去融资。

现在你把所有这些概率放在一起，再加上融到资的创业公司还有 80%~90% 的死亡率，你还会考虑给你表兄的朋友 2.5 万美元去做产品原型或者最小可行产品吗？

简单地讲，市场上有足够多的公司有产品市场契合点和市场吸引力，天使投资人需要更多的资金才能完成他们的使命。

你需要把你前三个投资放在这些创业公司上。

你需要投资那些已经撸起袖子开干的人，而不是那些只在嘴上说说、要等着你投完资才干活的人。

同比例跟投

同比例跟投能够让你在将来的几轮投资中保持住你在公司的持股比例。例如，对于一家投资后估值为 250 万美元的公司，你投资了 2.5 万美元，你将持有这家公司 1% 的股份。

一年之后，如果公司决定以 1000 万美元的投资后估值再融资 100 万美元，也就是投资前估值为 900 万美元，你需要追加投资才能保住你 1% 的公司持股。

在这个案例里面，如果你不追加投资，公司将会通过融资 100 万美元来稀释掉 10% 的股份，你的持股会降到大概 0.9%。在接下来的这轮融资中，如果你不追加投资，那你的持股比例将下降，你所持股份的价值是你投资的 4 倍。这是一个不错的结果！

在这种情况下，当你投资的一家公司突然估值大增，你应该看看新的投资人是谁。如果新进的投资人是一群很聪明的家伙，你将会想加大投资，你可以问问创始人你是否可以在这轮融资中追加 10 万美元，在这个案例里面也就是 1% 的股份，这样你就总共大概有 2% 的持股比例。

同比例跟投是保持你在公司持股比例的权利，这个十分重要，因为有些时候新进投资人想自己独吞这轮投资。在实际操作上，当公司估值 10 亿美元后，你很可能不会再继续投资几百万美元来保住你的持股比例，但是你有权利这么做，实际上你可以与其他投资人组成一个联合投资团来追投，与他们一起分享收益。

同比例跟投权是必须要有的一个条款，如果没有这个条款，你就不要投这个项目。

大部分创业者都愿意给天使投资人同比例跟投的权利。如果他们不给，那就免谈。你为什么不愿意让你的早期投资人获得回报呢？如果哪位创业者很坚定地不愿意给同比例跟投权，或者说你是一个小投资人没有资格。我建议你应该让他们知道“我是真的看好你，所以我才希望你能让我在后面的融资中继续对你投资。我不是要你给我免费的股票，只是当你成长之后对你进行更多投资的权利”。

通常这样说都管用，因为这也很合理。

估值

2010 年当我在硅谷开始对早期创业公司进行投资时，投资门槛是 200 万 ~400 万美元。随着市场的疯狂，以及大量像优步、Airbnb、Instagram 和 Snapchat 这种成功项目的出现，种子轮估值已经上升到 400 万 ~600 万美元，然后高峰时达到了 1000 万美元，随后又降落回 300 万 ~600 万美元之间。

为什么这家创业公司能值 300 万美元，而另外一家能值 600 万美元？简单地说，是投资人对项目的竞争导致的。公司创始人一般都会用他们能够得到的最高价格来定价，这样可以用最少的股份募集到想要的资金。

创业者其实也不太清楚他们的公司应该估值多少，所以他们会经常看看其他人融了多少钱，然后尝试估一个更高的价格，因为他们是竞争关系，或者报一个差不多的价格，这样至少看起来不比别人差。

估值很重要，但是更重要的是你能参投到最好的项目。我认识一些人错过了推特和 Zynga，仅仅因为它们在 A 轮融资时估值只有几千万美元，这些人只关注那些曾经创建过价值几十亿美元公司的创业老兵。

了解估值最快的一种方式是直接问创业者“你是怎么得出这个估值的？”

有时候他们的估值是由某位“领投人”给出的，这位投资人在该轮融资中出资最多，如 25 万美元，他掌控着这个项目。

这种情况下，这轮融资差不多快要结束了，因为创业者和投资人已经达成了一致意见，准备合作了。这时你就没必要想太多了，如果你喜欢这家公司那就参与投资，如果你不喜欢它那就放弃。这个不像是 2.5 万美元的那种天使投资那样需要你重新考虑该轮融资的很多条款。

如果创业者报了一个很高的价格，如 1000 万美元，并且他们也没有一位领投人，这时当然你就可以和创业者说：“1000 万美元是你的目标，那你是怎么得到这个数字的？”他们可能会有答案，也可能没有。如果他们说“我们每个月有 5 万美元的收入”，那将是一个很好的答案。“我们有 2.5 万日活用户，过去 3 个月，我们每个月增长 50%”也同样是一个很不错的答案。

类似“呃，我们随便估的”或者“Y Combinator 刚有一家公司获得了 1200 万美元的估值，我们打个折扣，估值 1000 万美元”就不是什么好答案。

另外一个好办法是问创业者“这个估值还能少点吗？”也许就像以前很多创业公司一样，几周之后，如果他们没能融到资，就会带着另外一个数字回头来找你。

这是市场行为，估值会不断地变化，但是估值并没有其他几个因素重要，如了解还有哪些其他的投资人，公司业务怎么开展，目标客户是谁，以及创业团队有哪些人。

第 22 章

为什么要写项目备忘录

提高项目筛选能力的最好办法

风险投资公司比天使投资人投资的项目数量要少，但是每个项目的投资额更大。风险投资人往往投资几百万美元，而你只投几万美元。单个风险投资人每年可能只投一两个项目，并且会加入这些公司的董事会，最终他们会成为 8~10 家公司的董事会成员。

而你每年将会投资 5~15 家创业公司，并且不加入任何董事会。

事实上，风险投资人主要关注那些在“天使投资阶段”存活下来的创业公司，这些公司的产品急需寻找市场，创业团队很小，并且总是缺各种资源。

这就是为什么你要与风险投资人建立牢固的关系，他们为那些已经找到了产品市场契合点、正在扩张业务的创业者进行大笔的投资，并且与创业者展开深入的合作。

风险投资人投注的次数更少，所以他们更加谨慎。我曾经看到有些风险投资人一年甚至更长时间内没有投一家公司，而是主要关注那些他们已经投资了的公司。

风险投资人与你投资创业公司的流程还有一个很大不同，就是你需要自己来做决定，但是风险投资人每次投资都会与他们的合伙人开会讨论多次。

事实上，我选择不加入（或者创建）一家风险投资公司的主要原因就是觉得每次与合伙人讨论我的投资项目都是一种煎熬，简直就是我的土拨鼠日①。

每天与五六个大老爷们（现在风险投资公司里面 90% 的职位都是男性的）坐在一个死气沉沉的办公室里面，把我的项目介绍给大家，然后决定是否投资，这真不是天使投资人应该干的活。

就像我们之前讨论过的那样，对于处于非常早期的创业项目，失败的原因会有很多，而成功的因素很少。

在风险投资公司有各种关系需要处理，几十年来各种投资失败和成功的案例都记录在一种简单的工具上：项目备忘录。

很多天使投资人都不写项目备忘录，但我觉得他们应该这么做，因为项目备忘录能够强迫你在短时间内凝练你的想法。它们还可以帮助你提高筛选项目的能力，因为你可以经常翻阅过去的项目

① 土拨鼠日（Groundhog Day）是北美地区的一个传统节日，1993 年由于同名电影的上映，有了另外一个意思，表示一个人陷入某个不断重复、无法自拔的困境。——译者注

备忘录，看看哪些做对了，哪些做错了。

最好的项目备忘录

了解项目备忘录是什么、为什么如此重要的最简单方法是研究一下有史以来已经公开的、最成功的项目备忘录是怎么写的：年轻的鲁洛夫·博塔充满激情和理智地请求投资一家正在烧钱的视频网站，之前已经有十几个类似的项目失败了，并且这个项目也存在很大的法律风险。

这个项目名字是 YouTube，它给红杉资本带来了超过 5 亿美元的收益。

鲁洛夫·博塔在他的项目备忘录里面包含以下几个部分：介绍、项目详情、竞争对手、招聘计划、重要风险以及建议。

正如我前面说过的，一家创业公司失败的原因可能会有很多，鲁洛夫·博塔列出的“重要风险”很全面，他指出“YouTube 面临着激烈的潜在竞争”，并详细列出了不同类型的竞争对手，从直接竞争者（如 Dailymotion 和 Vimeo）到照片分享网站（如 Flickr），可能随时会加入视频的竞争中。另外不要忘了互联网巨头（如谷歌和雅虎）、娱乐网站、文件分享网站以及 IPTV 公司。

在所有这些竞争风险之外，鲁洛夫·博塔详细列出了盈利模式可能面临的所有挑战，包括“我们不知道 YouTube 的 CPM（指每千人收看的成本）能达到多少”，“我们不知道有多大比例的视频可以收费”，以及我个人最喜欢的“我们不知道 YouTube 会从现在每天的 10 万个视频增长到多少”。

现在你知道了到处都是竞争对手，变现也很难，备忘录还详细列出了其他更多的风险，包括可扩张性（如 YouTube 能否保证服务器不宕机，并且低成本运行）、平衡发展（如很多人来网站观看视频，但是没有足够多有趣的视频怎么办？），另外还缺少退出机制，就像鲁洛夫 · 博塔总结的那样：“我们找不到太多可以参照的高价退出案例。”

总之，YouTube 有很多的竞争者，收入面临挑战，扩张比较困难，没人愿意接手这么贵的项目，还有我们没提到的法律问题。

当然，即便列出了所有这些风险，可能只是向他的合伙人表示他已经做了深入的调查，也可能是万一 YouTube 失败了的一种自我保护措施，鲁洛夫 · 博塔最终还是给出了一个简单明了的建议：

“我建议我们按照提案对他们进行投资。”

创业圈的魔笛手

在我短暂的天使投资职业生涯中，我用过三个不同版本的项目备忘录。第一种是在我的日记中写的笔记。这些笔记现在都已经湮没在我那一堆日记本里了，我只是快速地记下，但从来没有再看过。

有两个原因让我觉得日记很重要。第一，这能让与我面谈的人感受到我对他的尊重，因为平时在他们眼里很精明的天使投资人对他们的创业项目很重视。当看到杰夫 · 贝佐斯在与我以及我的

Weblogs项目的合伙人布莱恩·阿尔维（Brian Alvey）会谈时认真地做着笔记，说真的，我感到很特别。

其次，当我写日记的时候，我发现自己的注意力以及记忆力都在提高，包括我的元认知（metacognition）也是如此，也就是"我在思考我思考的过程"（my thinking about my thinking）。当我写日记的时候，我就是站在奥林匹斯山上的宙斯，俯视着我生活中的自己。距离能产生不一样的视角，这是简单的聆听所不能提供的。

有段时间我觉得自己应该用博客的形式来写交易备忘录。毕竟，我从事天使投资的钱几乎都是来自出售我创办的博客网站。我知道我自己的博客很受欢迎，我发的帖子通常都会有几十个跟帖以及外部网站的引用链接。这些链接经常会把我的帖子推到谷歌搜索结果的前面，让更多的人访问Calacanis.com，所以为什么不把我的交易备忘录贴出来让更多人关注我的投资呢?

我从来没有想到过我的博客能够推广我所投资的产品，能够帮这些公司招揽人才，能够吸引著名的风险投资人，但的确达到了这样的效果。

很快这事就在创业者圈子里传开了。如果我投资了你的公司，我有可能就会在博客里面把投资的原因贴出来，并邀请创业者来我的播客《本周创业公司访谈》（*This Week in Startups*）做嘉宾。这让更多的创业者请求我投资他们的公司。就像红杉资本的一位合伙人对我说的那样，我就是创业圈的魔笛手（Pied Piper），很奇怪的比喻，后来还出现在HBO电视网的电视剧《硅谷》（*Silicon Valley*）

中（我觉得这完全是巧合）。

保持冷静，继续前进[①]

我早期投资了一个冥想类 App，Calm.com。2014 年 4 月 23 日我写了一篇博客，标题是“我为什么给 Calm.com 投资 37.8 万美元”，公司那个时候总共大概有 5000~10000 美元的收入，创始人亚历克斯·图（Alex Tew）是一个很有趣的家伙，他最近还上了我的播客。

亚历克斯创建了一个名为“百万美元主页”的网站，引起了轰动。他是一个穷学生，想筹集 100 万美元，所以他搭建了一个网页，任何人都可以以 1 美元一个像素的价格在这个网页上购买广告位。这个网站引起了媒体的关注，最后他赚到了 100 万美元。

但是，亚历克斯这个人作为创业者有点不招人喜欢，每个与他见面的投资人都很快把他以及 Calm.com 给拒绝了。

我在博客里面写到我选择这家创业公司有几个原因：充满激情的创始人（一个名叫亚历克斯·图的英国人，他热爱正念冥想，他曾经创办过最成功的病毒营销案例之一——百万美元主页），有一个很不错的品牌（四个字母的单词域名），有很好的指标（几千个付费用户，几十万个免费用户）。

① “保持冷静，继续前进”（keep calm and carry on）是 1939 年第二次世界大战开始时英国政府制作的宣传海报的标语，用来鼓舞民众士气。这里也刚好能呼应作者要谈的案例 Calm.com。——译者注

研究了一番市场情况后我觉得：正念冥想将有很大的市场潜力，很可能会超过瑜伽。这是一项经过了验证的技术，多个大学的科学家正在深入研究这一领域。我清楚地知道这个想法是可行的。10年或者20年之后，人们会把这个当成一种流行趋势、一种格调、一种投资，就像1987年用高于均价5倍的价格在星巴克喝一杯咖啡一样。

在我投资之后的30个月，亚历克斯与我见面并告诉我一个好消息，公司的年度销售额达到了1000万美元，并实现了盈利。他们不再需要融资，我的投资对他们至关重要，如果没有我的投资他们的公司可能就不存在了。

一个年收入1000万美元并且有盈利的公司，根据我的经验以及公司增长的速度，估值能够达到收入的5~20倍，或者盈利的25~100倍。如果你用那种方法计算，如果Calm.com要出售的话，它将值2500万~1亿美元（是我投资时的6~25倍）。

一个嫉妒我的人在问答网站Quara上发了一个帖子："贾森·卡拉卡尼斯给Calm.com将近40万美元的投资是笔好买卖吗？为什么？"他还补充道："考虑到这家公司相对较小的市场、扩张的能力以及回报潜力，不知道这样的投资背后有什么玄机。"

2014年4月25日，我给这位匿名的提问者回复："在1986年有银行家和律师做瑜伽吗？当时肯定也觉得很荒谬……但是现在在同一个瑜伽课堂里同时有15~70岁的人已经司空见惯，没什么好奇怪的了。冥想？对于有些人来说可能比较陌生，如果他们参与进来，生活将发生很大的变化。"

最后我还补充了一点："根据历史统计数据，像 Calm.com 这样的创业公司也仍然有 70% 的概率会失败……当然，我认为 Calm.com 有 70% 的机会成为一家价值 1 亿美元的公司，这样能够让我的投资获得 10~25 倍的收益。"

有时我都会被自己预言的准确性吓到。

第23章

如何拒绝一个项目

拒绝创业者的50种方法

如果你每面谈20个或者50个项目才投资一个，你将要拒绝几百位创业者。整天拒绝别人对于世界上绝大部分人来说都是前所未有的经历，除非你是挑选演员的星探或者 Tinder（美国的陌生人约会社交软件）上的超模。

很多人都觉得拒绝别人不容易，但是投资人经常要在面谈中或者会后通过电子邮件拒绝创业者。绝大部分的创业者和投资人都会觉得，给出明确的拒绝都是理所当然的事，但实际上任何一方都不想听到或者说这样的话，因为万一……

投资人不会直接拒绝创业者，而是吊着他的胃口，说“我们继续保持联系”或者“我先问一下我合伙人的意见”。实际上这基本上就是婉拒了，但还吊着创业者的胃口，因为对于创业者来说只要不是“不”，就会觉得是“好啊”。甚至当他们听到明确的“不”时，很多人仍然觉得他们还有机会。

对于拒绝创业者，我经历了几个不同的阶段。早期我会让创业者不停地追问我，但不给他们答复，以此来检验他们的毅力。有时我会非常详细地答复创业者，告诉他们我为什么不投资他们，并鼓励他们说：“请保管好这封电子邮件，如果以后你们证明我错了，可以发个博客把这封邮件贴出来。”

你想知道真相吗？

每次我与创业者面谈的时候，当他们演示结束后我都会问他们“你是想听真话还是假话？”以前 Y Combinator 禁止我参加它的演示日，这章后面我会具体讲这件事。

所有的创业者都选择要我和他们讲真话。然后我会挨个向每个创业者解释，告诉他们我对于他们的业务、产品、演示的看法，以及其他投资人可能会有的反应。

除了那些在 Y Combinator 被宠坏的天之骄子，其他的创业者都很感激我的直率。Y Combinator 里面的创业者就像哈佛的学生，他们通过激烈的竞争才入选，所以他们觉得自己很特别，与其他处于同样发展阶段的创业公司相比，他们的公司估值要高出两三倍。

每次我与他们会谈时，都会惊讶于他们的狮子大开口以及思想的激进。这主要是为了给参加演示日的天使投资人造成一种害怕错过的恐惧感。这些公司在演示日之前都不允许融资，然后 100 多家创业公司的创始人同时站到台上，面对着观众大声地宣称他们的市场有多大，他们将如何统治和碾压整个市场。

Dropbox 和 Airbnb 都是过去十年最了不起的创业公司之一，它们都来自 Y Combinator，所以天使投资人关注 Y Combinator 孵化的公司也是有理由的。不过说实话，随着时间的推移，孵化器的作用慢慢减弱，因为现在每一期的创业公司数量都会增加，从 6 家增长到 120 家。

在与这些创业公司的创始人面谈时，我都会直率地告诉他们我的想法，我经常告诉他们我不会就他们那么高的估值进行投资。这些估值通常高达 1000 万美元、1200 万美元或者 1500 万美元。但是大部分时候我们都无法达成一致。

Y Combinator 曾经有一家名为 Weave 的公司我特别感兴趣。当这家公司 2014 年从 Y Combinator 毕业时，我与它的创始人进行了多次面谈。他们的产品设计很烂，但是创意很棒：Tinder 与领英的结合。

他们的想法是如果你想与某个领域的人进行商业会谈，他们可以为你进行匹配，你只要浏览给你的推荐，左右滑动选择你想会谈的对象。如果你想见一位设计师、天使投资人或者律师，你只要滑一下就可以进行一次真实的会面。

我差不多就要对他们进行投资了，所以我邀请创始人出来喝杯咖啡。我问他准备融多少钱，领投人是谁，估值是多少。他想要的钱并不是很多，没有领投人，对于这个阶段的公司来说并不常见。

但是当我听到他说估值1000万美元时，我差点惊得把嘴里的咖啡都吐出来了。我问他怎么证明公司值这个价，谁定的价。他说是根据Y Combinator里面各公司的最高估值来确定价格的。

“1000万美元实在是太高了。当年我投资优步和Thumbtack的时候，它们估值才900万美元……”

他打断了我的话：“只不过多了100万美元而已。我们可是来自Y Combinator，并且现在市场也比那个时候更火！”

“呃——请让我把话说完。在第一轮融资的时候，优步和Thumbtack的估值总共才900万美元。”我告诉他。

他脸色变得不太好了。

“你不是特拉维斯·卡兰尼克，也不是马克·扎帕科斯塔（Marco Zappacosta）。”我告诉Weave的创始人，“但我肯定将来的某一天你会成为像他们一样的人。”

他们最终筹到了200万美元，辛苦工作了三年，公司也转型了一两次，最后关门大吉。我节省了一颗子弹。但是到目前为止，我仍然觉得Weave是一个不错的创意，我还盼望着有人能够来实现这样一个基于位置的、进行专业匹配的、有实用价值的App。

在与几十位Y Combinator的创业者进行了十分坦诚的会谈后，他们在他们的内部系统里面给了我一堆差评，并禁止我参加他们的演示日，但是很快在下一次演示日又把我解禁了。你怎么能够总禁止一位排名前十的天使投资人呢？

现在当我与来自Y Combinator的创业者面谈时，我采取了更谨慎的做法。我告诉他们至少5个我喜欢他们的地方，我不再挑剔他们。当他们要我投资或者会后发电子邮件催我时，我告诉他们的是“你们不是我想投资的领域”等毫无意义的客套话。

但是这招儿还挺管用。

这些天之骄子每个人自我感觉都特别良好，即便现在Y Combinator已经成了创业公司的批量生产车间。

孵化器疲劳症

孵化器非常值得参加，我也建议你经常去看看，但是我不认为你应该接受他们强加给你的从众心态。你可以去参加某个演示日，把所有的创业公司都列在一个表里面，根据你自己的判断给每个公司按胜算排名（低、中、高），在另外一列做一些备注，写上日期。

挑选前面的5~10家公司，邀请他们来进行正式面谈。把你在面谈中对他们的印象、他们想要融资的数目以及估值都写下来。你会惊奇地发现，当你6个月之后再来看这些公司的时候，它们好像一直都在融资，大部分的融资数目和以前都是一样的，或者和以前的相差20%左右。

你可以在一旁看着这些乌龟从蛋壳里孵化出来，爬向大海，你将会很幸运地逃过新生的幼龟们在争相爬向大海途中的血腥屠杀。

事实上，95%的孵化器是为那些无法自己融资的创业者所准备的。Y Combinator以及我的LAUNCH Incubator是很特别的例外，因为我们主要接受那些能够走得更远的人。

天使投资新手可以与孵化器里的创业者面谈，但是必须等他们从孵化器毕业 6~12 个月之后再对他们投资。

“等等再说”替代“不”

现在，当创业者问我是否决定投资了的时候，我经常对他们说“等等再说”。我这是从鲁洛夫·博塔那里学来的一招，很好用。不仅告诉他们我还没有做最后的决定，还可以让他们经常来问一下我的意见。

我认为这样做很好，有三个原因：

第一，我不会打击到创业者脆弱的心灵，因为我已经意识到自己实在是负能量满满。就像我能够很快让别人相信自己可以占领全世界一样，我刻薄的言语、机敏的反应以及来自布鲁克林的直率让我在怼人这条路上越走越远。我曾经告诉别人“我认为你不够好”以及“我喜欢你的创意，但是我觉得你不适合做这个”。这些话虽然百分之百的正确，但是你没有必要告诉一个溺水已经没救了的人，他马上要死了。你应该微笑地看着他们，慢慢地从他们身边把船划走，确保他们不会把你拖下水。

“等等再说”的第二个好处是，我可以给创业者证明我错了的机会，并且与我一直联系。他们肯定憋足了劲，极为不服气地想“我一定要证明给这个家伙看！”

我最喜欢有创业者能够“证明给我看”，因为这意味着我将能够投资一个更厉害的公司。

第三，我这样做可以确定一个基调，那就是在我给创业者投资之前，我希望创业者能保持与我每个月的信息沟通。

人生是一个巨大的考验，与投资人沟通交流也是其中一个考验。观察一个人能否严格执行他们的计划，是决定是否对其投资的最好依据。

第 24 章

尽职调查

降低风险

早期投资的尽职调查是在投资之前，对某个项目或者个人进行调查的自愿行为。因为天使投资的金额较小，个人天使投资人通常是 2.5 万美元，很多人都会略过这一步。

对于处于早期的公司来说，尽职调查能够做的事情不多，最多只能更深入调查一下创始人的背景和声誉。如果你是投资一家还没有找到产品市场契合点的公司，那也就没有真实的客户可以调研，当然也没有营业收入可以分析。如果它们已经有投放市场的产品，有一定的客户，那他们可能会有一年之内的真实数据用于分析。

随着每笔投资金额的增大，尽职调查做得就会越来越多，风险投资人会付费请人对创始人进行个人背景调查，如犯罪记录和诉讼案底等。但是，就像我们在很多大额欺诈案看到的一样，如安然公司、伯尼·麦道夫以及现在正在崩溃中的Theranos①等，如果创业者之前没有不良记录，即便是做了背景调查也是徒劳无功。群体迷思（group thinking）甚至妄想决策都会在投资中作祟，当大家坐在谈判桌旁，互相看着对方时会想："如果那三个投资大佬都不害怕什么的话，我就没什么好担心的。如果有什么不对的地方，他们之中肯定会有人能够发现的。"

另外大家经常会有一种观念，认为在双方关系建立之初就进行尽职调查，会带来一种不舒服的感觉。就像婚前协议被认为是互相不信任、不浪漫一样。

你能够想象到，那些以前烧掉了很多钱的投资人更愿意做额外的尽职调查，就像以前离过婚的人，甚至是离过两次或者三次婚的人，他们不再害怕面对婚前协议。

扮演创业公司侦探

我建议做与项目规模匹配的尽职调查，这种方法我已经用了几年了。下面我来介绍如何做。在你与创业者面谈时，你可以问一些

① Theranos是伊丽莎白·霍尔姆斯（Elizabeth Holmes）于2003年创办的一家血液检测公司，因发明了比传统方式更快、更准、更便宜的"微流体"血液检测技术，成为硅谷的新宠，创始人被称为"女版乔布斯"，公司估值一度达到90亿美元。2016年该公司被爆出监测数据涉嫌造假，公司估值一夜之间归零。——译者注

实际的问题，获得尽量多的详细信息，例如：

天使投资人：项目怎么样了？

创业者：很好。大家都很喜欢我们的产品。

天使投资人：你们现在有多少客户？

创业者：12000人左右。

天使投资人：12000人啊，很不错啊！是每个月，每年，还是过去18个月的累计数？

创业者：嗯，是累计的数量，但都是我们的注册用户。

天使投资人：不错，也就是说自从你们18个月之前发布产品以来，总共有12000人注册了用户来使用你们的产品，平均每个月有六七百人。那每个人需要付多少钱？

创业者：我们每人收费50美元。

天使投资人：太棒了，那就是说你们每个月平均有600个新客户，每人给你们支付50美元，MRR（monthly recurring revenue，月度经常性收入）达到3万美元。如果有一半的人每个月都购买你们的产品，那现在总的MRR已经有30万美元？ARR（annual recurring revenue，年度经常性收入）达到了360万美元？那你们为什么还要进行天使轮的融资呢？

创业者：呃，不完全是这样的……

我们先在这里暂停一分钟。现在真相逐渐开始浮出水面，你应该认识到了，在创业者的脑海里，对“客户”这个词有不同的定义。

你可能认为客户是那些付钱给你的人，但是这位创业者认为客户是任何在他们网站上点击了登录按钮的人，甚至只登录过一次再也不回来的也算。

你可能觉得每个客户每个月为他们带来50美元的收入，但是创业者隐藏了很多事实。

恭喜你，你刚才已经学会了作为侦探的第一课：你的下一个问题最好是以另外一种稍微不同的方式再问一次刚才的最后一个问题。

我们再回到会谈中。

天使投资人：哦？那你们每个月的收费不是50美元，还是你们的MRR没有3万美元？

创业者：嗯——我们刚开始收费，所以我们总共才有3000美元的收入。

天使投资人：那也还不错。你以前有12000个未付费用户，现在你每人每个月收费50美元，你有了3000美元的月收入，那也就是说你有了60个付费用户？

创业者：呃，也不完全对。好吧，事实上，到目前为止，我们今年总共有3000美元的收入。

天使投资人：这样啊，那也还可以。你的年收入是3000美元，那也就是每个月250美元，这意味着你现在有5个付费用户，对吧？

创业者：呃，差不多吧。我们有两位付费客户，每月付50美元给我们，然后我们为他们定制开发软件，获得了 2500 美元的一次性费用。

天使投资人：好吧，因为一次性费用不是我们的目标，所以你们现在有两个客户，每个月每人付 50 美元，那么 ARR 是 1200 美元？

创业者：是的。但他们已经停止使用产品了，所以我们 3000 美元的收入是去年的。

天使投资人：我明白了。

我们再暂停一下，看看刚才到底发生了什么。一位精明的天使投资人必须对数字很有研究，因为人们总是有意或者无意地按照自己的想法来定义现实。

我称这些为选择性指标（alternate metrics）。

在高筹码的扑克赌博中，有时你会看到一个愤怒的玩家把牌撕碎扔给发牌员，大声咆哮“经理，给我换新的”。这里的经理是指楼层经理（或者赌区经理），换新的是指换两副新牌以及新的发牌员。

楼层经理知道赌博能够让人多么的沮丧或者心理不平衡，80% 的胜率会导致五个人当中有一个人很沮丧，但是有可能一个人连续输三把，概率是 20% 乘以 20% 乘以 20%，小于 1%。

就像楼层经理必须理解玩家的这种暂时的现实扭曲心理，玩家认为是扑克牌和发牌员导致了他们的坏运气。你也需要处理创业者的幻觉，他们把用户当成客户，把一次性咨询收入当成可持续性的收入。

除非你能够感觉到这个人已经超出了创业者幻觉的正常水平，变成了彻头彻尾的欺骗，否则没什么好担心或者感到被冒犯的。

超越底线

前面第一个例子看起来好像我只是在与一个无害的、过分乐观的创始人打交道，但是看看下面这个类似的会谈：

创业者：我们预计年度收入有 100 万美元。

天使投资人：你能详细给我说说吗？

创业者：我们上个星期与 Acme 公司签订了 3000 美元的合同，我们还有 300 个这样的项目快要完成了。

天使投资人：你是说你们已经签了一个项目，然后你们肯定能再拿下 300 个这样的项目？

创业者：当然，绝对没有问题。刚才在来这里的路上，我又得到了两个口头承诺。

天使投资人：再确认一次，你们迄今为止拿到手的收入是 3000 美元。

创业者：是签了合同，还没拿到钱。

再暂停一下，这位创始人正在说一个很具体的、彻底的谎言：他们有 100 万美元的收入，如果他们不是连自己都相信了这个谎言的话，那他们就是愚蠢至极。

可能他们并不是愚蠢，否则他们也不可能做出产品来，并卖给了 Acme 公司，获得了 3000 美元。所以他们就是赤裸裸的欺骗。你可以无视他们了。

如果你把你知道的所有事实都记下来，然后让你的助手或者同事去进行相关调查，你会对你找到的东西感到十分惊讶。

更糟糕的案例

曾经在我举办的 LAUNCH Festival 创业大会上，有一家很有吸引力的安全公司进行了演示，他们极力想要我进行投资。他们的创始人很有魅力，产品也做得挺漂亮。那一年围绕在他们展位旁边的人超过了其他任何一家公司。

在我面前他们表现得好像已经胜券在握，我们在 Battery 共进午餐，这是旧金山科技精英青睐的一家私人俱乐部，他们告诉我他们已经和脸书、谷歌签了合同。

参加这些面谈，我都会带上我的前任军师布里斯，要他把会谈中的细节都记录下来。他把需要在会后尽职调查中检查的信息都重点标记出来，所以这个案例中与谷歌和脸书的交易当然会被标记，因为这是两个很了不起的客户。

当我们进行尽职调查的时候，布里斯要求查看一下这两份合同，以便我们了解合同的期限和潜在的收入，我们原先认为这个期限应该会比较长，潜在的收入应该会很多。

创始人要我给他们打电话，他们承认这只是两个口头协议，但他可以告诉我是谁给出的口头协议以及什么时候会签合同。

简而言之，这就是说谎嘛。我们都知道，所谓的口头协议毫无意义。所以在签正式合同之前就声称是自己的客户，这就是欺诈。

讽刺的是，如果他这样说："我们马上就要和谷歌、脸书签合同了。我们准备下周就把报价单发给它们，我可以把这些文件的副本发一份给你。"那我可能就已经对他们进行投资了。没有人会要求这个阶段的创业公司十拿九稳，这也是创业公司存在机会的原因。如果这是一件很确定的事，那它应该被称为"债券"或者"国库券"，收益率只有百分之几。

几年之后，这家公司仍在缓慢地发展，有一些很小的客户，但还在 Instagram 上发布昂贵的广告，把人吸引到股权众筹平台，试图从一些非认证投资人（non-accredited investors）那里筹集大数目的资金。

看到这个的时候我感到很难过。如果我都需要花费一番精力才能知道这个人在撒谎，那这些普通人怎么能够看得明白。他们没有机会与创始人一起吃饭，也没有军师帮忙提问、分析、去芜存菁，他们只会拿着积攒的 100 美元或者 500 美元瞎投。

所以金融监管机构制定很多公众融资的规定还是有道理的。

特别糟糕的案例

再来说一说我第二次被创业者欺骗，差点着了道的故事。这是一个我梦寐以求的、一直期待着投资的创意，一款自助服务领域的软件。

我们称这家公司为“Food Right Now”。他们的愿景是让你能够在餐厅掏出手机，打开 App 点菜。餐厅使用 beacon 技术能够自动知道你在哪一桌。beacon 是一种粘在桌子底下的小设备。

你不再需要招手让服务员过来点餐。另外如果你发现你的小孩特别喜欢刚上桌的炸鱿鱼，你只需要简单地掏出手机再点一份。

在面谈的时候，他们谈到正在帕罗奥多市一家我经常去的餐厅试用他们的产品，我以前对这家餐厅的效率无法忍受。他们说餐厅经理很喜欢他们的创意，好处显而易见，并允诺餐厅的每个订单付他们 1 美元或者每桌每个月付 10 美元。

即便是现在想想这个 App，我仍然很喜欢这个创意并愿意为其投资，但是 Food Right Now 犯了一个致命的错误，布里斯在做尽职调查的时候发现了。

当我告诉创始人我正在做尽职调查的时候，他们跑去和其他投资人说我已经投了他们。这导致很多投资人对他们进行了投资。通常，当一个很有名的天使投资人投资了某个项目，创始人会把这个当成“社会认同”，并到天使投资人的圈子里大肆宣扬，吸引其他的投资人。这招儿很管用。如果某家公司的确获得了我的投资，我也不反对他们这么做，但是绝不能是在我投资之前。

我要布里斯去那家餐厅试试它的系统，并且和餐厅经理聊聊。

布里斯给我带回来一些坏消息。“老板，你绝对想不到发生了什么。”他十分失望地说。他是我最好的副手之一。

他说 Food Right Now 在这家餐厅唯一做的“试用”是在餐桌上

放了一个 beacon，然后假装在餐厅进行了点餐，其实没有任何真实的试用。那餐厅经理对他们的认可呢？他们根本就没有那个餐厅经理的名字，他们也说不出是哪天和经理谈过，但他们宣称几周之前和当时的值班经理谈过，并询问了他对产品的意见，经理当时对他们给予了肯定。

真是活见鬼了！

我告诉布里斯我们放弃投资他们，但是问题来了：那些因为被告知我已经投资该公司而投资他们的天使投资人来问我为什么退出了。

太糟糕了！

说真话能够让你自由！说真话能让我们大家都自由！对于正在阅读这本书的创业者来说，没有理由对天使投资人撒谎，因为我们都理解创业公司会有很多困难、缺少各种资源。如果不是这样的话，你们根本就不需要我们的钱来填补所有的空白。

所有以谎言开始的关系都会以泪水结束。

避免谎言。拥抱妄想。

对于没有经过训练的人来说，这两者之间的差别很细微。但**是当你投资了几十家公司、参加了几百次面谈、问了几千个问题之后，你会发现那些谎言就像夜晚的霓虹灯一样显眼。**

埃隆·马斯克妄想着自己能够依靠电动汽车来颠覆整个汽车行业。

特拉维斯·卡兰尼克妄想着自己能够通过共享出行网络颠覆传统的交通。

拉里和谢尔盖妄想着他们可以创造一个比他们的先驱快数十倍的搜索引擎。

人们总是对自己、投资人以及整个世界撒谎，但是真正的谎言（“我们已经与脸书和谷歌签了合同！”）与远大的使命（或者称为妄想）是有区别的，如果一切都顺利的话，妄想就会成为现实，就像“我们要到火星上去”或者“我们要为世界上所有的信息建立索引”。

声誉很重要

再讲一个尽职调查的故事。

另外一家为中小企业提供服务的创业公司，有不错的收入、可靠的投资人、积极进取并且富有魅力的创始人。

一切看上去都很好。

我们举行了一次会谈，他们的估值比较合理，客户在不断增长。我差不多要同意投资了，然后我注意到在公司的董事会里有一位很有名，并且与我合作过多个项目的天使投资人。

问问现有投资人的意见是一个不错的方法，所以我给这位朋友发了条消息，他答复我说“我马上打电话给你”，通常这种情况下都不是什么好消息。

他告诉我这个创始人做了很多他认为不道德的事，既然我这位朋友这么说，那我也不需要再做进一步的调查了，我得出一个至今都坚信的结论：一个人如果名声不好，那肯定就有问题。

如果你不能处理好与现有投资人的关系，那你就是在犯错。当然，理性的人不会同意这个观点，但是聪明的创业者要能处理好与别人的冲突，说服别人，消除矛盾。即便错在投资者，但我也会质疑创业者解决这种问题的能力。

这公平吗？我不知道，但是我知道我不想与那些给周边人留下很差印象的人打交道。

人与人之间有不同意见，甚至偶尔有冲突都没什么关系，就像在篮球联赛里面一样，但是没人愿意加入一个关系很紧张的团队。

第25章

你的第一笔投资

第一次出手

当你面谈过30家创业公司后，选择一家你认为最有市场吸引力、有最好的团队、现有投资人最可靠的公司，告诉创始人你有兴趣投资他们，他们会把相关的文档发给你。

你可以请一位可靠的、有经验的律师来为你审阅这些文档，他能对项目做一个简略的总结，去掉他觉得不正常的条款。律师最多只要一个小时就能完成一个项目的总结，还是很值的。

你应该再检查一次同比例跟投权（详见第21章）。如果合同里面没有这条，你要让创业者加上。对他们来说这是小菜一碟。

当你最终完成投资的时候，你应该让他们知道你有多么的兴奋，并且告诉他们你很期待他们每个月的进展情况，这样你可以为他们提供帮助。

在你的日程表里面添加两个日程，100 天后安排一次与创始人的项目进展沟通会，一年后电话跟踪一下公司情况。这些事情都很简单，我有一个小诀窍，那就是为每次谈话安排 20 分钟左右，这样不会给创始人太大的压力。会谈时如果有必要的话你也可以延长时间。

有时某个项目的融资已经人满了或者某个贪婪的投资人想独吞整轮投资。如果出现这种情况，你可以试着问问创业者“能够扩大一下本轮融资或者从别人的份额中挤出一部分来，让我加入吗？我期待能够与你合作，帮助大家获得成功。”

这种真心的请求很少有人拒绝。如果他们确实无法在这一轮中让你加入，你也可以与他们保持联系，并随时准备加入，因为创业公司总是需要不停地融资，永远！

你将要签署一堆电子文件，你可以把这些文件保存在网盘里。如果他们愿意的话，你可以要一份股权结构表，因为这样你可以很清楚地知道谁参加了这轮投资，每个人的股份是多少。

慢慢地，你将很善于看这些股权结构表，并且从中解读出其他天使投资人和风险投资人的投资策略。

你可以写一篇博客来介绍这家公司，以及你投资的理由。你也可以对这笔投资保密。但是不管哪种方式，请注意你千万不能代表公司发表任何言论。如果你要写一篇与公司相关的博文，最好问问创业者“你觉得这样写可以吗？”

作为一位创业者，我从来不愿意投资人代表我的公司说话，除非我请求他们这么做。

呃，对了，你还需要把钱转给创业公司，有时你可能会收到纸质的或者电子的股权凭证。但并不是每家公司都这么做，如果他们真做了纸质的凭证，还是挺有趣的。

恭喜你。

你现在已经是一位天使投资人了。

第 26 章

创业者该如何对待天使投资人

创业者也应该读读这本书

如果你是一位聪明的创业者，读这本书的目的是为了更好地了解天使投资人的想法，那我不得不佩服你这个狡猾的家伙。

你比全班同学领先一步了，并且你已经从老师办公室偷到了下次的考试试卷，恭喜你！现在，当你与心仪的投资人面谈时，你就可以提前准备好你将会被问到的“四个问题”（见第 18 章），以及天使投资人在会后将会问自己的四个问题。

如果你读过本书，答对这些问题会变得更简单，因为你已经知道了优秀天使投资人的评价标准，你将知道什么是最重要的：创造让一大群人觉得很好用或者不可或缺的产品或者服务。

早期投资人和创业者是站在同一阵营的，有着共同的目标：成功。有时创业者和投资人之间、运动员和教练之间、士兵和将军之间、绝地学徒和绝地大师之间、学生和老师之间，会出现一些分歧，大部分集中在沟通、执行情况以及优先次序等方面。

在这一章中，我将为创业者做三件事：首先，我将为你解释投资人需要什么；其次，我将举例告诉你如何与投资人沟通，包括好的和不好的；最后，我将谈一谈忠诚的重要性。

天使投资人是一种怎样的经历

天使投资人需要你十分投入地工作，这样他们才有机会拿回投资，他们将会是你最好的支持者。他们喜欢你并且想让你成功，所以你不要对他们隐藏什么，或者歪曲事实、只说他们想听的话。请真诚地对待他们，这样他们才能为你提供帮助。

请记住，投资人投资一家公司平均需要 7 年的时间才能获得收益，如果有收益的话。如果一位天使投资人 40 岁开始从事投资，能够有 20 年的投资生涯的话，那他差不多要到 50 岁的时候才能看到回报，只剩下 20 年的时间来花这些钱。

大部分我遇到的天使投资人都是一些心态不死的老兵、渴望重回战场的落魄勇士，但他们自己已经无力去战斗了。他们需要像你们这样的年轻战士，因为他们知道你们比他们有更大的胜算。这就是天使投资人的秘密。我们希望自己就是你们。

但现实很残酷。

就像执行制片人想让自己同时兼任演员、导演或者编剧一样，天使投资人也希望自己能做点什么。聪明的创业者会让天使投资人有参与感，就像导演会给制片人展示一下样片或者与他们讨论一下剧本，让他们觉得自己很受重视。

这些制片人有些是经验丰富的业内人士，能够做出很大贡献，但另外一些只是想赚一笔钱的投机客。作为一位创业者，你的工作就是了解与你打交道的是什么样的人，然后从他们的反馈中找到你需要的。另外请记住，我们 80%~90% 的投资是会打水漂的，我们会经历一个接一个的失败。这对于我们来说也是十分郁闷的，特别是在天使投资的第二、第三、第四年（详见第 28、第 29 章）。

想给某位天使投资人留下特别的印象吗？问问他们正在投什么项目以及进展如何。

如果我们 95% 的收益都来自一个投资，80% 的投资都会失败，你应该做一次自我评估，问问自己：我是不是为这位天使投资人带来收益的那项投资，我能不能跻身那 20% 的成功项目之列；或者我是那些差的项目之一，苦苦挣扎于想获得这位投资人青睐的边缘。

如果你是那 20% 能收回投资或者更好的项目之一，请与你的早期投资人分享你的成功，军功章也有他们的一半。当 Thumbtack 的扎帕科斯塔或者优步的卡兰尼克打电话给我，邀请我参加公司的活动，或者给我发一个节日问候，那感觉就像是你最成功的、整天忙于工作的学生一直没有忘记你一样，就像你的好朋友当选总统之后邀请你去白宫一样。

实在是太棒了。

你可能已经注意到这里我用了师生以及朋友的比喻，因为创业者与天使投资人的关系就是这二者兼而有之。对于我大部分的天使投资项目来说，我在创业方面的经验比他们都要丰富。我是他们的导师欧比旺。

但是通常我只是一位与他们讨论问题的伙伴。既不说教，也不指导，但是会与他们一起肩并肩地战斗。

偶尔我发现有些比我更成功的人也会来征求我的意见，表面上看起来有点好笑，但实际上是有道理的，因为我所有的亿万富翁朋友都是白手起家的，他们很珍惜我的客观建议，我也很喜欢自己的顾问角色。

如何与天使投资人沟通

每个月把项目的进度报告发给我们，或者一个月两次，如果简明扼要的话，一周一次也行吧。我们想为你们提供帮助，但如果我们得不到最新信息的话，就爱莫能助。

如果你最终真的获得了成功，请不要忘了我们曾经为你提供的帮助，虽然脏活累活都是你自己干的。

请珍惜我们的投资，让我们能获得大的回报，这样我们才能继续投资下一拨的创业者。当你们的辛勤工作让我们收获全垒打的时候，我们持有贵公司的股票市值达到我们投资的 50 倍、500 倍或者 5000 倍，不要嫉妒我们的暴利，我们应该一起庆祝，因为这更多反映了我们相信你的能力胜于我们自己的能力。

我们相信有了我们的投资之后，你能获得比我们自己更大的成功。请记住这一点，然后下一次你准备大干一场时记得给我们电话。让我们在你的股权投资表里面占有宝贵的一席之地，这样我们能够再次为你及你超凡的创业能力投资。

我们佩服你以及你在短时间内创造巨大价值的能力。

现在，如果你只是把我们的钱浪费在漂亮的办公室或者毫无意义的会议上，那么请不要给我们打电话。

如果你不能不厌其烦地告诉我们项目怎么样了，特别是进展不好的时候，或者你让其他的投资人来损害我们的权益，那么也不要给我们打电话。

人生苦短。忠诚就是态度。如果你不忠诚于你的投资人，那你就是不值得投资的傻瓜或者自恋狂。无论你是这里面的哪一种，都不要来找我。

忠诚

生命很短暂，但是人们的记忆会持续很长时间，即便你意识不到这一点。我有过很多这样的经历，有人当初背叛了我，然后就忘掉了这事，或者根本就没有意识到，直到某天他们想为什么我不和他们合作才记起这事儿。

相反，我曾经踩到了别人的脚，或者捣了别人一两肘子，很多时候我都不知道冒犯了谁。从这本书里，你应该知道我是一个很直率的人。人生苦短，时间宝贵，所以我喜欢直奔主题。如果有人想欺骗我，我会立即尽可能坦率地向他们解释我的立场。

下面我给大家讲一个故事，对于创业者和投资人来说都很重要。这个故事叫作“贾森不是好欺负的。”

贾森不是好欺负的

最近，我的一位风险投资人朋友准备对我的一个天使投资项目进行A轮投资。下面的故事我需要进行一些模糊处理，因为大家彼此都有很坦诚的沟通，都知道有谁参与了这件事，对所有事情都很了解。

创业公司的创始人肖恩给我打电话，告诉我这个好消息：“贾森，维克为我们提供了一个400万美元A轮投资的投资意向书！”（这里，创始人肖恩、投资人维克都是化名，400万美元也与真实金额不同。）

“那太棒了，投资人维克很不错。我和他认识很长时间了，他经常在我的创业大会上发言，我们是很好的朋友。”我答复他。

肖恩尴尬地沉默了一会说：“我——，我有件事要和你讨论一下。”

他告诉我，我的好朋友投资人维克只有在我放弃我的合法权利的前提下才会投资。我所有的投资都有这些合法权利，放在所谓的“补充函”里面。补充函是投资人与公司之间在标准的项目条款之外签订的协议。

我作为一名著名的天使投资人，给公司带来很大价值，并且我领投的联合投资带来很多共同投资人，这些权利会比其他的天使投资人严格，包括如果我领投种子轮投资或者代持股份超过公司总股份 5% 的话，需要给我保留一个董事会席位，以及同比例跟投权和信息获取权。

同比例跟投权能够让我在以后的融资中通过继续购买股份来保持我的持股比例。信息获取权有宽泛的或者具体的定义，但是我的是非常具体的，包括所有的关键指标、董事会文件、银行对账单和财务报表。

我需要这些额外的权利是因为我的很多朋友会跟着我投资这些创业公司，我想在该公司出现问题的时候能提供帮助。这些权利并不能让我控制整个公司，远远不能，但是它们能够让我获得更多的信息，以及产生更大的影响力。

我们回到故事中去。肖恩问我："维克想要废除补充函，你觉得怎么样？"

"我当然不同意。我觉得很有意思，维克为什么要这样对我，我是你最早的支持者。如果他在这个交易的第一天就要坑我，我很难想象以后他将怎么对你？"我回答他。

当我给维克打电话时，他告诉我他很兴奋，然后解释为什么我不能有这些权利，因为他不认为这些是我应得的，他将决定我是否能有这些权利。他的理由是："当你进入这个行业后，你就不得不受其他投资人的欺负，这就是游戏规则。"

我想了一下如何最好地来处理这种情况，冷静地解释道："贾森·卡拉卡尼斯不吃这一套。"当然，以第三人称来说自己会令人很讨厌，但就像我解释过的，我喜欢简洁的沟通。

维克想从另外一方面来解释我为什么要接受他的条件，我打住了他，对他说："让我来告诉你为什么你不能剥夺我的权利。我是这个团队的组织后卫。每年我要投资三四十个创业公司，这些公司中最好的才会出现在你的眼前，你选了其中的一个投资了400万美元，但是我在三年前就已经对它投资了。"

我继续非常冷静地对他说："如果你想剥夺我在这个项目上的权利，我以后再也不会给你推荐项目了，我会把它们推荐给你的竞争对手，不仅仅如此，我还会把这个项目推荐给其他风险投资公司的人，并且我会比较给肖恩看，这些人和你谁投的独角兽更多。我们可以看看我其他风险投资公司的朋友是不是也要欺负我。"

他说让他先考虑一天。

后来他说我可以继续保留我的补充函。

那以后我们就合作得很好。

从这个故事中我们可以学到三点：

第一，作为一位天使投资人，你需要知道并且捍卫你的权利。直白地告诉别人，他们为什么要尊重你的权利，给他们说明白如果不尊重你将导致的后果。大部分情况下，别人会为侵犯到你的权利而道歉，并告诉你他们是无意的。你可以原谅他们，即便他们可能是有意的，这样大家才能有更深入、更信任的关系。

第二，作为一位公司创始人，当某位新投资人或者收购方想要你陷害你以前的投资人时，你一定要提高警惕。你的早期支持者帮你走到今天，如果一个人想要你陷害他们，那以后当你与他的关系遇到坎坷时，你觉得他又会如何对你呢？

第三，作为一位共同投资人或者后期投资人，互相合作很重要。建立创业公司是很困难的，投资人之间互相内斗是不能容忍的，我们应该把宝贵的时间和精力留给我们的创业者。

我有很多类似的经历，我相信很多人也知道关于我如何维护我的立场的故事。无论如何，我坚信凭借真诚的沟通、深入的合作、辛勤的工作才能获得成功。

这才是我所关心的。

这也才是我应该关心的。

第 27 章

月度汇报非常重要

贾森定律

我发现了一个很简单的关于创业公司的定律，我称之为创业公司的贾森定律。

“如果某家创业公司不给你发月度报告了，那它就比较悬了。”

创业者经常向投资人进行汇报十分重要，但就像我们讨论过的，创业公司在早期整天都有一堆事情，并且各种资源很稀缺，竞争很激烈，创业者觉得埋头苦干比面对或者讨论他们的问题更容易。

避免困难的交流是人的本能，在创业之初，即便是在已经成功的创业公司，每次讨论都不可避免地引出一堆更大的问题，并且还不知道怎么解决这些问题。

所以这些新的CEO们很快就被一种永无止境的、发自内心的恐惧所笼罩，让他们想尽量避免与投资人见面，虽然这些投资人是他们之前花了几个月甚至几年的时间才争取来的。

我总是和别人说，相对于我已经投资了的公司，那些被我拒绝了的公司发给我更多的汇报。

没有消息并不一定就是好消息

当一位创业者从来不向他的投资人反映任何问题，直到他的钱用完了，那创业者与天使投资人之间的交流就会陷入死循环。有一次我给我投资的一家创业公司打电话："最近你们怎么样？我几个月没有听到你们的消息了。"

其中一位创始人说："一切都很好。就是我的创业合伙人退出了。"

"这是什么时候的事？"我很疑惑地问道，因为我投资这家公司还不到一年。

"6个月以前。"创始人回答我。

"好吧。那之后的业务如何？"

"很好。就是我们的钱已经用完了。"

"那这又是什么时候的事呢？"我越来越困惑和沮丧。

"4个月之前，也就是公司倒闭的时候。"他回答道。

我对这位创业者感到很愤怒，但是对我自己更愤怒。我怎么能让这种事发生呢？我为什么没有更勤快地检查他们呢？

从那以后，我开始了要求创业者向我进行月度汇报的漫漫征途。这主要是因为我想看这些报告，但还有一个原因，通过汇报项目进展情况这个简单行为，可以强化创业者的纪律性，让他们能够保持与投资人的沟通。

汇报越简洁专业，天使投资人就越有机会为你提供帮助，包括投入更多的钱，把你介绍给他们的朋友，这是对善于合作的创业者的奖励。

天使投资人也想被人需要，创业者如果让他们的投资人觉得自己不被需要，那就会失去他们现有的投资人，这些投资人是以后最有可能继续对其进行投资的人。

在投资一家公司之前，你可以通过一次简单的讨论来避免意外的发生，在投资之后，你可以在每次的会谈中有策略地重复这种讨论。我自己喜欢这样对创业者说："我想要你每个月给我汇报一次，包括业务的各种关键性指标，以及你对于公司将会成功还是失败的预测。我希望你有问题的时候发邮件给我以及其他投资人。每次给我发邮件时，要告诉我你还剩下多少钱、烧钱速度以及你什么时候会用完所有钱，这样我们才能为将来的融资做准备。"

不进行月度汇报的案例

最令我懊恼的一次投资是视频制作行业的一个早期项目，这里我们暂且称它为"MovieGigs"。我可以把和他们之间的故事讲出来。我觉得该公司的创始人与很多投资人之间都产生过冲突，因为他们不向投资人汇报的做法真是太愚蠢了。我觉得我在这里把这件事说出来，无论是对于你们还是他们都是功德一件。这家公司看起来很有前途，因为它的的确确解决了我现实中遇到的一个问题，并且它也已经进入了一个顶级的孵化器。MovieGigs 的创始人发现视频市场急速增长，但是制作视频还是很麻烦，需要很多不同专业技能的人参与，包括摄像、导演、音效工程师和编辑等。

他们建立一个交易市场，你可以发布你需要做的工作，例如一段婚礼视频或者酒店网站的欢迎视频等，很快就有不同的服务提供商给你报价，就像 Kayak 提供的旅游产品排名一样。

当我对这家公司进行投资并且介绍给我的联合天使投资团后，麻烦就来了。创始人觉得他们没必要向给他们投资的联合天使投资人汇报。他们咨询了已经从孵化器毕业的前辈们，被警告说这些人会泄露信息给媒体。我向他们保证不会发生这种事，但他们告诉我没有任何法律条款要求他们必须对这些投资人进行汇报。更让人气愤的是，他们一个季度才给我汇报一次业务进展。我要求按月汇报，他们坚持季度汇报。

汇报缩减到最少，业务从第一天开始就在苦苦挣扎。我开始认识到这些创业者不仅不能按时给我汇报情况，他们可能也没有能力运营一家创业公司。

当我请求他们定期给我汇报相关信息时，联合投资团的成员们开始变得越来越沮丧。这让我陷入了总要向我的投资团成员解释的尴尬境地，他们都是成年的合格投资人，他们知道自己在做什么，但他们很困惑为什么那些拿了他们投资的创业者不告诉他们项目的任何信息。

即便是我写下这个故事的时候，我仍然感到很气愤。如果你想别人对你投资，那么你们就是业务伙伴，你应该与你的伙伴分享公司的相关信息。

有一次我问他们："如果你们的信息被泄露了，你上了*TechCrunch*（知名科技博客）或者《华尔街日报》的封面故事，你会对此感到高兴还是生气呢？"

"你真的能为我们做到这个吗？那真是太棒了！"他们回答。

我无语地摇摇头。这些创业者们知道把他们的信息泄露给媒体会对他们的业务带来很大帮助，但是他们不愿意冒险把信息分享给已有的投资人。

更加伤口上撒盐的是，其中一位创业者告诉他们孵化器里的朋友，我因为没有收到他们的汇报，被气得"鼻子冒烟"。坦白地说，这个描述还挺准确，但是这给我和他们的孵化器之间造成了一些麻烦。

年复一年，业务一直处于挣扎的边缘。当我回想起与他们的相处经历时，我十分肯定对他们的投资是一个彻底的错误。如果他们连向投资人进行汇报这种简单的事都做不好，他们怎么能带领着公司走到退出阶段？关于退出机制的谈判可比写一个月度汇报难多了。

当我写这章内容的时候，我带着至今难以熄灭的怒火，花了一些时间给那几位创业者以及我的联合投资团写了封电子邮件。如下：

从你们拿到我们的投资算起已经三年了，现在你们自救的时间已经所剩不多了。你们是否可以至少坦白地告诉我们一些有意义的东西（每个月的收入，烧钱速度等），你们是怎么花我们的钱？我们能够为你们做什么来挽救公司？

坦白地讲，你们是我所有投资过的150多个公司中最不合作的创始人，对此我感到十分震惊。现在项目已经到了垂危之际，你们还是拒绝告诉联合天使投资团出了什么事。我们也许真的可以帮助你们，因为这是天使投资人存在的意义！我对于你们真的感到很失望。失败是创业公司常有的事，但是不与投资人进行沟通是无法原谅的。在公司的最后几个月，你们是否愿意做出一点改变呢？我们需要的只是坦诚相待。（节选）

附注：致联合投资团的成员们。鉴于MovieGigs的教训，以后jasonsyndicate.com的所有投资我都将要求提交月度汇报，对于所有以前投的项目如果要追加投资，也将是同样的要求。

贾森

在我给他们发了这封邮件之后的一个月，我打电话把他们约出来，与我联合投资团的成员面对面地坐在一起。他们答应向我每周进行汇报——关于贱卖MovieGigs以及他们所剩无几的资产的情况。

月度汇报的反馈

我做了一个电子表格，第一列是我投资的每家公司的名称，第二列是最近一个月的汇报情况，第三列是上个月的汇报情况，以此类推。当某位创业者把这个月的汇报发给我后，我会在相应的单元格里面写上数字 1，如果他们没有发给我，我就写上 0。

我们把填 0 的单元格标红，填 1 的单元格标绿，并且统计每个月从创业公司收到的汇报数量以及收到的所有汇报总数量。

如果某个创业公司只是偶尔漏过一两次月度汇报，那没问题，或者由于它们更成熟稳定，它们可以每两个月或者每个季度汇报一次，但是一直保持沉默是完全无法接受的。如果我们两个月没有收到汇报，我们会发邮件问他们："我们是不是漏掉了你们的月度汇报？"这表明有可能是我们漏收了，因为有时候会被当成垃圾邮件过滤掉，天使投资人每天要收到大量的电子邮件，但我们会尽量保持礼貌，因为我们知道创业者大部分时候都处于焦虑的状态。

作为天使投资人，你不想再给创业者增加不必要的压力，你也不想浪费他们的时间准备各种毫无意义的报告，但是你想让他们知道你一直准备着为他们提供帮助，对于在他们公司的投资你是很认真的。

当你收到一份新的汇报后，最好认真地通读一遍，并且发送一个简短的反馈，对取得的成绩表示赞赏（"能够把那位销售主管挖过来真不错！"），对遭受的损失表示理解（"你的首席技术官离职了真可惜。你有招人的岗位要求吗？我可以放在我的领英上。"）

根据你的相关经历，你总是能提供一些帮助。我喜欢用提问的方式来提供帮助，而不是用命令的方式。例如，比较一下下面两句话：

“你应该在脸书上投放广告。”

“你考虑过在脸书上投放广告吗？”

如果每位投资人都使用第一种方法的话，创业者会感觉像一个小孩，不停地接受来自父母告诉他怎么吃饭的指令，“用叉子，不要用手。把餐巾纸放在你的腿上。吃西兰花。坐好。把牛奶喝完！”

与之对应的是另外一些父母，只给孩子适量的食物以及足够的关心和照顾。

哪种方式能更有效地达到你的目的？

显然是后者。

第 28 章

天使投资人难熬的第二年

接踵而至的失败

如果你按照我在本书中提出的基本体系来投资，先参与 10 个 1000 美元的联合投资，然后在 20 个月内再投 20 个 2.5 万美元的项目，那在短短的两年内（或者 8 个季度内），你将投资 51 万美元。在本书中我经常以季度作为时间单位，因为这符合我们这一行的工作节奏，不仅仅上市公司如此，还没有上市的公司也是这样。

在第二年的时候，也就是你开始投资后的第五、第六个季度，将发生一些有趣的事：你在第一个季度投资的很多公司开始需要进行更多的融资。

请记住，当公司融资的时候，它们的目标是拿到够 12~18 个月生存的钱，也就是把它们融到的资金除以每个月的平均支出。例如，一家有五位成员的创业公司，每个月花费3万美元，没有任何收入，那他们将在10个月内用掉30万美元——一眨眼就过去了。如果同一家创业公司融到了50万美元，在没有任何收入的情况下，也只能支撑16个月。

如果上面这家公司每个月能够有1万美元的收入，那它们的生存周期将大大延长，这就是为什么有收入是如此的美好，仅次于收支平衡和盈利。

虽然大部分的创业公司都想融到够18个月用的资金，但是它们通常能拿到的只是够用不到一年的，所以很多你早期的投资在你投完之后的9~15个月的时候，他们就会开始扭扭捏捏地找你出去喝咖啡。

早期创业公司的融资过程通常需要2~4个月，所以不仅仅是你第一个季度投资的公司开始找你，那些你第二个季度以及第三个季度投资的公司——可能是未雨绸缪或者花钱更快——也开始给你发信息："您最近在忙什么呢？"

还记得我们说过早期创业公司的死亡率达到70%~90%吗？你想想会发生什么？你将看到有些你刚刚孵化出来的小乌龟，蹒跚地爬向大海，半路上被一群凶狠的海鸥撕咬成碎块。

有点惨不忍睹，但这是你心甘情愿做的，适者生存的规则最残酷，有时让人恐惧。你将看到创业者哭泣、崩溃，甚至向你乞讨，他们团队所有的人都丧失了信心，加入更有前途的创业公司，或者直接接受谷歌或者脸书的高薪职位。

加注

当一家好公司的创始人需要进行下一轮融资的时候，他们只会简单地告诉你他们找到了新的投资人，很有可能是一位想加入董事会的风险投资人，告诉你新的投资条款，问你是否需要行使你的同比例跟投权。

你将会有一天的时间来答复“是”或者“否”。这种情况不会经常发生，当它发生的时候，你应该用尽可能多的时间去弄明白新投资人到底看中了这家创业公司的什么。

如果新资金愿意付出更高的价格，那意味着你当初选中了一位成功者，你可以考虑继续投入 10 万美元。如果当初你投入的是 2.5 万美元，那这次就是 4 倍的加注；如果当初你是通过联合投资投入了 1000 美元，那这次将会是 100 倍的加注。

不归路

你将会被诱惑着继续投资那些你投过的失败创业公司，你会给它们“过桥投资”，直到它们找到下一轮投资人。但是当你挽救这些公司的时候，需要设置一些基本的规则，因为你不可能总给它们补血，我是说资金。

第三年和第四年是创业者证明你当年投资他们是多么的英明的时候，但是第一年和第二年你得到的都是证明你多么愚蠢的信息。

差的创业者在第二年就会很快暴露出来，因为他们不再夸耀他们的创意、团队和新产品，而是开始炫耀自己的表现。如果他们表现得好的话，就可以获得资金，否则他们可能就会消失，这就是为什么天使投资如此之难。

你不得不对你曾经喜欢的公司说拜拜，它们突然就永远地消逝了。

坏消息早早地就汹涌而至，但是好消息需要几年，甚至十来年才能等到。

如果创业公司是销售某种产品或者经营一个市场，你可以根据很简单的指标——收入——来决定是否继续投资。如果创业公司在第六个月的时候开始挣钱，那么你可以预测在接下去的六个月也会有收入，你可以与它们的客户交流一下。你可以看他们的净推荐值（net promoter score，NPS），并据此做出合理的决定是否对其进行过桥融资。

过桥融资并不是对公司宣判死刑，很多公司在经历过这样的融资后获得了巨大的成功。当然这也并不是什么好兆头，因为没有新进资金认可该公司的价值。

当你决定进行过桥投资的时候，你需要坦诚地与创业者谈谈这笔投资会给他们带来什么，典型的做法是让他们制定一些目标，另外问问拿到新投资后公司会有什么改变。

很多创业者相信只要他们的产品增加一两个功能就能成功，有时的确是这样，但是大部分时候都是没用的，我把他们这种行为称为“功能死亡行军”。

有些创业者一直在寻找“救世主”，相信只要找到一位大牛加入他们的团队，一切都会水到渠成。通常他们认为他们只需要一位销售主管或者增长黑客（growth hacker）[1]。有时这种方法有效，但大部分时候还是竹篮打水一场空。

还有创业者是在“检阅合作伙伴”，他们相信只要能引进这个关键的合作伙伴就会成功。有时的确如此，但大部分时候希望会落空。

你可以看到这里面有一个规律。创业者总是相信有一样神奇的东西可以拯救公司，可能是增加某项功能、某位团队成员或者客户。当别人在你面前提出这样的策略时，你需要问自己两个问题。首先，这个神奇的东西确实可以改变他们的现状吗？其次，用这些额外的资源，能够得到这个神奇的东西吗？

如果是加入某项功能，你可以看看他们是否已经开始测试这项功能或者开始开发。你可以问问他们需要多长时间来部署、测试和迭代。如果创业者说只需要两个月，你应该把这个时间乘上 3 倍，然后与过桥融资的期限比较。如果你觉得这是一个杀手级的功能，能够改变整个产品的命运，并且完全可行，过桥融资的期限是 9 个月，那么看上去这笔过桥投资还是值得做的。

对于寻找救世主的情况你也可以采取同样的评估方法。创业者是否已经挑选好了新的销售主管，他们接受邀请了吗？如果是，那很好，你可以与新的销售主管聊聊，问问他们多久之后能够把产品卖出去，然后同样把这个时间乘以 3 倍。如果他们下个月就开始，

---

① 增长黑客是指新型的市场营销人员，利用各种技术上的最佳实践来驱动用户的增长。——译者注

那也就是需要两个月的时间才能开始销售产品，那你大概可以期待7个月后能有收入。

如果创业者最终没能与这位销售主管签订合同，那他们需要再找一位，至少也需要3个月的时间，通常是6个月。把这招人的6个月时间加上开始实现收入所需要的6个月时间，那你需要提供12个月的过桥资金。

我想你大概也明白了，过桥融资大部分情况下是一条不归之路。

当然也有例外。例如，某个公司的MRR达到1.5万美元，是一个月之前（7500美元）的2倍，几乎是两个月之前（4000美元）的4倍，公司每个月的支出是5万美元。也就是说他们的烧钱速度在短短的3个月之内从4.6万美元下降到4.25万美元，再到3.5万美元。如果他们的收入再翻一倍的话，他们一个月就只烧掉2万美元，所以25万美元的过桥融资可以支撑到盈利，或者至少能够吸引来新的投资人，因为每个月里有3万~4万美元的收入。

对于消费类产品，当你还没有收入，达到某个临界规模想变现时（像推特、Instagram、脸书和Snapchat一样），你只需要简单地看看增长速度。如果你的产品是免费的，你每个月要烧掉5万美元，但是你的客户规模不增长了，那肯定哪里出问题了，你可能押错了宝。

转型还是坚守？

在商业或者战略语境下，我相信每个人都理解“转型”的意思，在这里我简单定义为“根据环境的变化或者新情况，调整你的战略方向”。

有很多这样的例子，创业者认识到某些根本性的东西，然后把一家濒临失败的项目转型到某个有意义的产品。例如，推特就是埃文·威廉姆斯在被他的博客平台 Odeo 整得焦头烂额的时候转型而来的一个项目。

聊天平台 Slack 是斯图尔特·巴特菲尔德（Stewart Butterfield）基于他失败的电子游戏公司 Glitch 转型而来的。在转型到 Slack 之前，有传言说 Glitch 花掉了他们大部分的投资。

Slack 的大获成功一点儿也不让人惊讶，因为这是斯图尔特职业生涯中第二个转型成功的项目。当他在运营另外一个失败的电子游戏公司 Game Neverending 时，他把它转型为 Flickr，并在 2005 年以 2000 多万美元的价格卖给了雅虎。

在这些例子中，很难说转型之前的项目“失败”了，因为它们最终引领创业者走向了更大的成功。

第二年是很难熬的一年，但是后面的日子，特别是第三年到第四年，天使投资人将会收获很多好消息，有时甚至是特好的消息。

第 29 章

勇往直前

黎明前的黑暗

做天使投资如果没有深刻的见解和坚韧的毅力，是很容易心理崩溃的。我遇到很多人，他们投资了五六个项目，就已经对整个过程感到无比的心酸并抱怨不已。

就像玩滑雪板、扑克、风筝冲浪和爱情一样，你需要一段时间才能逐渐理解，只有经历了痛苦的阶段才能得到长久的回报。你生命中最伟大的爱情故事，可能会起起伏伏，但是通常只有坚持到底的人才会收获最多。

玩滑雪板或者风筝冲浪的前两天，你会被摔得鼻青脸肿，每天晚上都会酸爽得死去活来。早上醒来你会感觉自己像被车撞过一样，不断地想放弃，但如果你坚持下去就能最终奇迹般地站在滑板上，人板合一，拥有了这辈子从没有过的神奇力量，体验到超越人类自身极限的速度和自由。我经常说**创业或者天使投资就像把你放到一个很大的、漆黑的体育馆里面，里面有一个电灯的开关。你在黑暗中摸索，不知道自己在做什么，直到你找到了这个小的开关，轻轻地按下它，眼前顿时一片光明。**

寻找这个开关可能需要你投资 5 个、10 个或者 50 个项目，一旦你找到了它，你将茅塞顿开、豁然开朗，对投资失败的恐惧、迷茫和焦虑都会一扫而光，你可以镇静地看着自己投资的 2.5 万美元、5 万美元、10 万美元被烧光，眼睛都不眨一下。

你将面带微笑地看着一堆堆的钱打水漂，因为你知道以后能够收回更多，只要你不放弃并且坚持学习。

正如我们讨论过的，我 99% 的时间，有时甚至是 100% 的时间都在处理我投资组合里那些垂死挣扎的项目。他们可能失去了团队的核心成员，或者钱烧光了，或者在抵抗有钱的竞争对手，如谷歌、脸书等，这些竞争对手会开发或者威胁说要开发类似的产品并免费给客户使用。

你既然通过阅读本书选择了这样的生活，那你对于成功的概率就很了解。成功青睐那些有长远目光、喜欢巨大胜利的人，青睐那些充分认识到有失才有得的人。

痛苦是可以传染的

有一种心理学方法可以让你以及你的创始人不会陷入长时间的

失落，这样你们就可以一起重新回到工作中。

抱怨解决不了任何问题。经常抱怨的人不像那些不抱怨的人那么快乐。当你发现自己处于一种完全低迷的状态时，我建议你试试我从马克·郭士顿（Mark Goulston）的一本书里面学到的一种方法——倾听术，他建议你只需要简单地从对自己说“太糟糕了”逐步调整到“天啊”，再到“上帝啊”“那好吧”，最后到简单的“好的”就可以。

当事情被搞砸了或者你被别人坑了（详见第9章）的时候，看起来真的很糟糕，但是如果你能早一点意识到自己会经历一些痛苦或者沮丧的阶段，你就能加速度过这些阶段。

现在当有什么事发生时，我能够快速地把自己从“太糟糕了”的状态调整到“那好吧”，然后是“好的，我们集中精力来想想该怎么工作吧”。

失败是很糟糕的事，但是你把越多的时间和精力放在失败这件事上，你就越会感觉自己像一个失败者。相反，你应该更多地品味那些成功的事，花更多的时间在这些事情上。

现在当某位创业者经过多年的挣扎快要失败的时候，我会像一个善后的人，简单地问他们“怎么啦？”这些创业者通常会支支吾吾十来分钟，这时我会换一种方式问相同的问题：“还有什么我应该知道的事吗？”

我像一只老鹰一样盯着创业者。当他们不得不告诉我真相时，我会看着他们的眼睛释放一些善意，把他们的境况重复一遍，例如这样：“嗯——我们的首席技术官走了，我们的资金只能撑10个月了。”

现在我们已经知道了实际情况。愤怒解决不了任何问题，你从飞行员手中接过飞机的控制权也同样无济于事，因为你根本就不在飞机上。在创业者说完问题之后，我想听听他们自己的看法，先问问“你们准备怎么做？”接着问他们“我能帮你们做什么？”

看上去好像很多事情要做，但是正如我们讨论过的那样，作为一位创业者，特别是公司的CEO，这是世界上最难的工作。你团队里面最聪明的那些人都无法解决的大问题都会交给你。你要面对来自各方面的攻击，你也没有其他人可以交流。

如果一位CEO告诉他的投资人遇到了大麻烦，他们很可能就不会继续投资这家公司。如果他把这些麻烦告诉员工，员工可能就会离开公司或者被吓坏。

想想看，当初这些人之所以从其他公司辞职来跟随这位创业者，主要是被创业者的激情所感染。所以他们也会被创业者的恐慌感染。CEO的职责就是调整团队的情绪，避免大喜大悲，千万不要让你的团队跟着你的情绪起起伏伏，因为他们很有可能不能像你这样善于处理这种起伏。作为一位天使投资人，我认为首要的任务就是当CEO在苦苦挣扎时，你能够及时地倾听他们的心声，疏导他们的心情，让其知道他们并不是一个人在战斗。当然，你可以告诉他们哪里有地雷，引导他们到正确的方向上，但是你不能直接接管他们的工作，让自己当飞行员。不管是对自己还是创业者，如果你能够一直保持积极及坦诚的态度，那你就有更大的机会成功，即便面对失败，你也能积极面对。

事实上，我经常把我那些失败的创业者叫到我的孵化器来，讲述他们失败的经历以及从中吸取的教训。分享这些失败的故事能够降低他们的创伤后应激障碍（posttraumatic stress disorder），为我以后的工作储备创业者，让我自己把精力集中在唯一重要的事情上：做好眼下的工作。

这个世界上，有些事情是你自己能够控制的，有些事情你无法控制，还有些事情你只能控制一部分。所以最好是把你的精力放在那些你能完全控制的事情上，例如你自己的知识结构和职业精神。如果你能够不断努力地学习和工作——这是你自己能够控制的两件事情——好事自然会发生的。对于创业者和投资人来说也是如此，这就是为什么我的真人秀节目叫“努力工作”。

对媒体保持慎言

有一点你需要明白，作为一家创业公司的天使投资人，你不是它们的媒体公关主管。当你以天使投资人的身份投资了每家创业公司之后，外界肯定会知道的，除非你通过特殊的方法来隐藏你的行为。

有一大批记者以及很多的数据库专门跟踪信息科技行业的投资活动。

当你被爆出投资了某家创业公司后，肯定会有媒体打电话来问你这个公司的情况如何。媒体不是你的朋友，很多时候它们算得上是你的敌人。基本上所有的新闻报道都会带来一些影响，通常对于你的公司来说都不是积极的那种。

你的话经常会被错误地引用，你的评论会被别有用心地从上下文中摘出来。例如，你可能会先对创业公司给出 7 个正面的评价，然后再说“但是他们也面临一些激烈的竞争”。最后媒体登出来的标题是“脸书投资人警告说公司将面临更加激烈的竞争”。

你的口无遮拦将会让你的创业者离你而去。并且你很快就会在创业圈子里恶名远播，被贴上为了提高自己的曝光率不惜牺牲创业者的标签。

当新闻媒体联系你的时候，你应该立即做两件事。首先，把电子邮件转发给你的创始人，并且问他“请告诉我是否应该答复他们？”其次，不要给记者任何答复，因为他们真的很善于扭曲答复。

甚至“我没有任何评论”这样的答复，也会被记者扭曲为“脸书的三位投资人拒绝对扎克伯格的第五次官司发表评论”。

当我写这本书的时候，我最著名的投资项目——优步——正在被媒体吊打，把我也弄得左右为难。我一直是公司的积极支持者，但是很显然，我不可能对一个每个月提供数百万次出行的公司的所有内部事物都表示赞同。

这些情况下，你最好的做法就是私下里支持创业者和他们的管理团队，帮助他们解决遇到的问题。除非创业者要求，否则不要介入媒体的任何事。

如果你看到我在公开场合谈论我的某项投资，我肯定是在称赞这家公司。

其他投资人可能会公开地批评某家公司，这是我从来不会做的。在我看来，如果你是股东，你的工作是在幕后解决问题，而不是给公司带来问题。

这里并不是要嘲讽我那些喜欢代表创始人出来说话的投资人朋友。这只是两种不同的做事风格，我觉得我的做法更有效而已。

资金管理

如果你能够把自己的资金管理好，那你的天使投资之路会更加容易。正如我们在本书中所总结的那样，我认为用你净资产的5%~10%进行天使投资是比较合适的，如果你是有稳定收入的年轻人，这个比例提高到20%也可以。关键是要很聪明地进行分配。

如果你有500万或者1000万美元的资产，准备用100万美元来进行天使投资，也就是净资产的10%~20%。如果你的投资全部都打水漂了或者损失了一半，你还是能接受的。如果你能够获得5~10倍的收入，那你就能让你的净资产翻倍。

但是，请记住我们希望你的前10个投资都是1000美元级别的联合投资，这样你可以从低级别的牌桌开始学习经验，即便犯错了也不会有很大的影响。在这之后，本书建议进行20个2.5万美元的投资，并且对那些成功的公司进行4倍的加注，也就是10万美元。用这种方式，没有一个投资的资金超过你天使投资组合的12.5%，而你整个天使投资组合的资金只占你净资产的10%~20%，这样你的每个投资都不会超过你净资产的1.25%~2.5%。

那些陷入麻烦的天使投资往往是太心急，接触的公司太少，例如做了 4 个 25 万美元的投资，并且做决定的过程也很快。在这里你没必要着急，伟大的公司总是不断地出现，特别是在市场不好的时候。

如果你按照我的建议来管理你的资金，你就能够不在乎 1000 美元的损失，坦然面对 2.5 万美元的损失，“没什么大不了的，只不过是我净资产的 0.25% 或者 0.5%”。哪怕是 12.5 万美元的损失，你也可以说：“太背了。好吧，还不是太多，这家公司做得确实很好，我下了 4 倍的重注。这其实算是一个很明智的赌注。”

每天都有富人来到硅谷，给被我们淘汰的那些公司开出 25 万美元和 50 万美元的支票，他们只不过是为了表示自己投资过。就像有钱人坐到大赌注的牌桌上，买入一堆筹码，却一下就输光了，因为当他手里有一对 A 时，被拿一对 3 的人凑成暗三条给秒杀了。

你不需要每把都赢，也不需要每天都赢，你只需要在一个长时间段内是赢的就可以。你应该把天使投资当成一项长达 10 年的事业。

始之易，终之难

创办公司真的很容易，但要想善始善终、顺利退出却很难。当我自己创办公司的时候，我在墙上贴了个标语：始之易，终之难。这个标语伴随了我 10 年。

创业者认为融到资是最困难的事。当他们拿到投资人的钱，开始用这些钱干活的时候，才发现与如何给投资人带来回报相比，从投资人手里拿到钱其实更容易。

这就像是竞选总统。你可能认为最困难的是竞选和赢得选举，但是一旦你竞选成功，你才意识到做好总统这项工作更难。

天使投资人应该明白现在任何人都可以创办一家公司，因为服务器、软件、网络都已经很便宜，成本几乎为零，让几个人设计一个漂亮的产品也很简单。甚至获得一些客户也不是难事，因为可以利用脸书和谷歌等网络广告强大的覆盖能力和目标客户定位能力。

你可以在两周之内克隆一个推特，并获得一千个用户，你也可以在一周内搭建一个类似 Slack 的聊天软件。现在创建这样的项目只需要几千美元、几周的时间，但是要让这些项目顺利退出则需要几百万美元、几年的时间。

从失败中学习

如果你来到硅谷，在两年内投资了 30 个创业公司，把这个当成你的兼职或者全职工作，不断地对成功和失败进行反思，经常与其他投资人和创业者沟通交流，你将会学到很多。如果你是个聪明人，在开始投资之前、投了 10 个项目后，以及投 20 个项目之后，你会反复地阅读本书，因为我在本书中总结的经验教训都来源于在该行业 25 年的 100 多个项目，实时反映了业界的动态。

我刚开始投资时的经验现在都已经过时了，那个时候每年新成立的创业公司只有现在的 1/10。那个时候投资一个优秀的团队以及产品原型是明智的选择，但是现在你基本上都是希望等到创业者完成他们的产品并投放市场之后再进行投资。

5~10 年以后，情况又会发生变化，要想了解市场的趋势，唯一的办法就是不仅要研究市场的成功者，也要研究市场上的失败案例，并且对自己的预测结果与实际情况做事后分析。

你没必要痴迷于失败的案例，但是我会对其进行深思，寻找其中的模式，这样我可以弥补投资中的一些漏洞。早年我最大的问题是，我经常认为如果我自己或者我的朋友能够很好地执行某个计划，那我投资的公司也可以做到。我本以为所有的创业者都是坚韧不拔、不轻易放弃的人，但是经历过五六家主动放弃的创业公司后——这些公司的投资人只能拿回一点点钱——我艰难地认识到，并不是每个创业者都是顽强不屈的。

生活中有时你只有亲身经历过了才能真正了解。

这就是天使投资。

第 30 章

退出机制：伟大的公司是用来买的，不是用来卖的

如何获得回报

天使投资人投资一家创业公司后，有三种方式得到回报。所有这三种方式都涉及未来把你拥有的股份卖给其他人，不管是自愿地还是非自愿地。

出售股份最好的一种方式就是你投资的创业公司成长到足够大并且 IPO 了，但这种方式也是最少见的。当公司 IPO 的时候，你那些在公司股权结构表里不能流通的股份，就能立即转到你在 E–Trade、Charles Schwab 等证券交易商的账户里面，当然最好是 Wealthfront 的账户（因为我是该公司的顾问）。

这些股票通常都会锁定 6 个月，锁定期结束之后，你就可以随

便处理它们了，不需要得到公司、其他投资人或者创始人的同意。你可以继续持有它们，或者卖掉它们，到了这个阶段它们就和现金差不多。

IPO 后我们应该把这些股票卖掉还是继续持有呢？这个就像任何的财务决策一样，取决于你目前的生活状态、你的风险承受能力以及公司的实力和潜力。

如果你曾经是谷歌或者脸书的投资人，你 99% 以上的净资产都会绑定在同一只股票上，这还是挺吓人的。我的一位朋友持有一些脸书的原始股。当时脸书以 38 美元每股的价格 IPO。但是，当股票下跌到每股十八九美元的时候，我的朋友把他所有的股票都卖掉了，然后在接下去的几年内，眼睁睁地看着股票价格涨了五六倍。这就是数亿美元与几十亿美元的差别。

再看看推特的例子，我的朋友于 2014 年在价格的高点以 69 美元卖掉了他们所有的股票，其他人则持有着股票一路下跌，到 2016 年跌到 15 美元，这中间只有短短的 24 个月。

如果你持有脸书或者推特的股票，并且这些股票的价值占了你净资产的 90% 以上，那你应该遵循一个很好的投资理念：分散风险。如果你正在看这本书，或者你出生在 1960 年之后，那你理应看好技术的发展，你应该已经兑现了 1 亿美元推特的股票，并用这些钱买入最好的 4 家科技公司的股票，包括脸书、亚马逊、网飞、谷歌（我们把这些公司放在一起简称 FANG）。这样你会有更好的收益。

在硅谷的人都知道 FANG 比推特更具潜力，所以在推特 IPO 后，你应该立即或者在随后的大涨中卖掉 80% 你所持有的推特股票，然后把资金平均分散买入这些巨头的股票，这样才是更明智的选择。

你无须太聪明就能知道 FANG 比推特更好，你只需要看看它们的收入及用户增速就能明白。

当我写这本书的时候，很多 Snapchat 投资人的大量股票也将面临多年来的第一次解禁。他们同样需要面对这个问题：Snapchat 能否像 FANG 这些公司一样良好地运行、快速地增长？如果是我，我会很快进行风险分散，因为 10 年或者 20 年之后，Snapchat 可能已经消失了，但是 FANG 不会。

我认识很多拥有纸面财富的百万富翁资产大幅缩水，因为他们从来不卖掉股票或者分散风险。事实上，本书的作者将来有可能看到他的净资产价值因为一两只股票而暴跌或者飙升。

旧股转让

2007—2010 年这段时间内，推特和脸书的快速增长带来一件很有趣的事：出现了一个出售非上市公司股票的市场。这个主要有两方面的原因：（1）有些还没有上市的公司不想那么快就上市；（2）有很多私募基金想要买这些公司的股份。

但是很多天使投资人和风险投资人不愿意让创始人太早地兑现自己的股票，因为他们很快发现如果让这些创始人卖掉 500 万美元或者 1000 万美元的股票，会给这些囊中羞涩、缺乏经验的管理团队带来很大的压力。

一个人如果银行账户里面只有 1 万美元，每个月拿到 1 万美元的收入，那他就会处于一种比较稳定的中低档压力状态下。但如果一个人拿到税后 300 万 ~7000 万美元，那他就有足够的钱去买别墅、每年和家人来一次很棒的度假。他们不再需要为了吃穿、度假而发愁，他们会认为自己有了“万能保险”，已经领先于一般人。

现在，如果一位创业者卖掉了 2000 万、5000 万或者 1 亿美元的股票，就像某些创业者做的那样，他就会陷入危险的境地，他会开始买房子、飞机、游艇，这会给他带来很大的认知偏差。从每个月挣 1 万美元突然变成 10 万美元然后又重新回到原点，我担心他如何负担得起这么奢侈的生活方式。

天使投资人以前更容易参与这些交易，我自己就经常抓住机会分散手中的持股。如果你某个成功的投资项目价值开始飙升，你是很难下定决心把它们卖掉的。但是在价格高涨的时候卖掉 10%~30% 的持股，回收一部分现金到你的投资组合还是能够让你睡得更加安稳的。

如果你在一家高速成长的创业公司持有 1000 万美元的股票，在你卖掉了 20% 的持股后，股价又上涨了 5 倍，那你最后获得了 4200 万美元（早期卖掉兑现的 200 万美元，加上持有的 800 万美元升值 5 倍后的 4000 万美元）。如果你冒险一直持有的话最后收益是 5000 万美元。

如果当时你很缺钱的话，200 万美元能够让你的压力减少很多。如果最终公司彻底崩溃的话，就像 Theranos，或者像 Zynga IPO 后那样暴跌 80% 的话，那你会为自己的明智之举感到庆幸，因为你锁定了部分收益，而不是全打水漂了。

我玩扑克最爽的不是赢了 5 万美元的那些夜晚，而是输到只剩下 5000 美元，再重新扳回到 5 万美元的时候。

并购

天使投资人兑现的第三种方法，也是最常见的一种，就是创业公司被收购。这是一把双刃剑，因为大部分时候一家公司要卖掉是因为它没法靠自己取得成功。我们讨论过 YouTube 在早期卖给谷歌的案例。这笔交易虽然让红杉资本挣了 5 亿美元，但是对于投资人来说这又是苦乐参半的一天。

如果 YouTube 能够坚持下去，毫无疑问它的价值将超过 570 亿美元，考虑到市场对行业领头羊的溢价，我个人甚至认为应该能达到 1500 亿美元。这样红杉资本在 YouTube 赚的就不是 5 亿美元，而应该是 500 亿美元。

并购交易（merger and acquisition，M&A）有三种类型：人才收购（acquihires）、吞并（appropriate acquisitions）以及溢价出售（premium sales）。人才收购也称为甩卖（fire sale），这个术语是由收购（acquisition）和聘用（hire）两个单词组成，意思是指某家大公司收购一家小公司的目的是获得整个创业团队。当某家创业公司被人才收购时，公司的股东只能拿回很小一部分投资，而经办此类交易的高级银行家卖一个 50 万 ~200 万美元的公司，能够获得 5 万美元的定金以及至少 10 万美元的手续费。

这种交易很糟糕、很讨厌，也许除了收购者，对谁都没有利，收购者得到了一些很好的新员工，这个成本比他们通过猎头公司去招聘要低得多，并且这些员工不需要浪费时间去互相磨合。作为回报，这些员工一直在努力做的产品总有机会成为市场需要的东西。

小鸡与老鹰

最近一家很有前途的创业公司（我们暂且称这家公司为小鸡）被甩卖了，外聘的 CEO 把这家公司弄垮了，年销售额从他加入时的 100 万美元下降到第二年的 75 万美元，然后他雇了一位银行家来卖掉这家被他毁掉的公司。

当他们把最后的售价（40 万美元）拿来让我签字时，我发现这笔钱有 40% 要给银行家以及作为遣散费给 CEO，并且这位 CEO 在没有征得投资人同意的前提下，已经把一部分员工提前派往了收购公司。这整个交易看上去像是合法的，但就像我在第 9 章解释过的那样，如果你想对你投资的创业公司采取什么法律行动，通常都是浪费时间。

把一家每年有 75 万美元收入的公司以年收入一半的价格卖掉，并且投资人只能拿到其中的 8%，这是很奇怪的一件事。

当然，在这种情况下你基本上什么也做不了，因为你是在与一群盯着腐烂尸体的秃鹰战斗。直到收购公司兑现了我的 10 万美元顾问股份我才签字，因为这些钱是属于我、我的合伙人以及我的联合投资团的。

那位失败的 CEO 反复和我说，是我拖累了公司的出售。我反击说是他把公司经营得一塌糊涂，所以他拿走巨额的遣散费简直就是不要脸。从外部雇来的 CEO 大部分时候都没什么作为，而那些关心遣散费甚于把公司做成功的人更是坏到极点，就像这个案例中的那位。

他说如果我去找收购公司的 CEO 谈话会毁了整个交易，但最后我还是去谈了。有趣的是，这位 CEO 自从 20 世纪 90 年代起就是我的播客以及我创办的杂志《硅谷报道》的粉丝。他很高兴我能够在他的董事会里担任顾问。

所以，最后这桩强加在我头上、本来每美元只能收回 8 美分的交易，最终我的投资有可能全部甚至两倍收回。对于我来说，这也是一种胜利，因为投资收回的每一分钱都是有价值的，不管能收回一成、两成还是五成。如果在这个项目上我能够收回两倍的投资，那就是 20 万美元，我可以用来投资 8 家创业公司，这就是我坚持与之战斗、决不放弃的原因。

在我玩扑克的前四年，我一直都是在输钱，因为每次我输掉一定的钱之后就会离开牌桌。但是现在我已经可以赢钱了，因为我会一次又一次地下注，直到大赢一把之后才会离桌。

积少成多

其他的并购往往都来得比较意外，你都是被动牵扯进去的。我的朋友周思博（Joel Spolsky）是纽约一位很厉害的创业者，他在我的播客担任嘉宾后邀请我去投资他开发的任务管理软件 Trello。我投了 10 万美元，两年后我收到一封电子邮件，告诉我 Trello 被一家上市公司收购了，我的投资获得了8倍的收益。

这真是太棒了！

在这种情况下，你会收到一堆需要签字的文件，你和大部分股东都是不由自主地被牵扯进来的。你没有其他选择，因为合同里面规定了，如果大部分的股东决定要出售公司，那就只能卖了。作为一位天使投资人，很多事情有时候基本上不受你控制，但是你挥杆的机会很多。

你签字之后就可以拿到你的回报，然后再回到本垒，开始下一次的击打。一垒安打和二垒安打虽然不是本垒打，但是它们往往能赢得比赛。有些天使投资人从来没有碰到过几百倍收益的投资，但是不断地累积5倍、10倍收益的项目也是很不错的。

大家都想收购你

“伟大的公司是用来买的，不是用来卖的。”这在硅谷是永不过时的一句格言。你能够做到最好的就是拥有一家成长中的公司，有大量的现金收入，能够吸引很多大公司的兴趣来收购你。

唯一比这更好的是，当你的潜在收购者之间出现了猜疑、产生了很大的恐慌时，其中一家公司按捺不住抢在其他人之前收购你。

这正是发生在Instagram和WhatsApp身上的事，它们都被马克·扎克伯格收购。我之所以说它们是被马克·扎克伯格个人收购是因为：他不需要得到董事会的批准，他自己就可以完成这些交易。脸书的独特公司结构以及扎克伯格对于从谷歌手中争夺广告市场份额的雄心壮志，让扎克伯格成为业界继谷歌之后最好的收购者。

Instagram 与推特有着长期的合作关系。凯文·斯特罗姆（Kevin Systrom）看上去似乎不假思索就把当时已经发展起来的社交网络软件卖掉了。2012 年，Instagram 在以 10 亿美元卖给脸书之前的一个星期还融资了 5000 万美元。

Instagram 的投资人迅速获得了丰厚的回报，但是就像 YouTube 的投资人一样，他们离开时还在遐想着如果没有被收购又会是怎样一番景象。如果现在 Instagram 还是一家独立的公司，把它每个月的活跃用户数与推特比较，它很容易就会被估值到 100 亿美元以上。

Instagram 是否卖得太早，这是一个更深入的问题。当脸书的股票翻了一倍又一倍的时候，我们不知道 Instagram 的股东是一直持有着还是卖掉了。我们也不知道如果不成为脸书的一部分，Instagram 是否能把它们庞大的用户群变现、它们的基础设施是否能更强大、它们的产品能不能快速地迭代升级。

不管怎么样，Instagram 是脸书成长过程中重要的一部分，谷歌和推特对于 Instagram 的出售非常不满。

在过去的 10 年中，谷歌一直是并购领域的统治者，除了它的搜索引擎以及电子邮箱，其他大部分成功的产品都是来自并购。它于 2003 年收购了按点击付费的广告平台 Applied Semantics，2005 年收购了移动操作系统安卓，2006 年收购了 YouTube，2007 年收购了 DoubleClick。

但是当一家公司变得很庞大，创始人领先最近的竞争者十几个身位时，就像谷歌面对脸书一样，你会变得行动迟缓。当谷歌在忙于发明无人驾驶汽车、建造高速的气球网络时，扎克伯格获得了数亿个痴迷于 Instagram 以及 WhatsApp 的用户，现在他在全球拥有大概 20 亿的月活跃用户。

WhatsApp 的收购非常惊人，金额达到了 190 亿美元。我从一家投资了 WhatsApp 的基金挣了很多钱，我是这家基金的有限合伙人。脸书以超过自己当时股票市值 10% 的价格收购 WhatsApp 看上去很疯狂，但是如果 WhatsApp 被谷歌、苹果或者微软收购了会怎么样呢？

WhatsApp 是基于电话簿的社交网络软件，这真的是唯一能够给脸书带来危险的东西，所有它必须要买下它。用 10% 的股票来冒一次险，总比失去 50% 的市值要好。

有人想要买你的创业公司，这对于所有创业公司来说都是第二好的信号。唯一比这个更好的信号是，有付费的客户向他们的朋友夸奖你的产品有多好。

当你与 25 家公司就收购你的公司进行商谈之后，没有一家公司愿意给你发收购合同的时候，坦白地讲，你以及你的公司可能已经玩砸了，至少目前是这样。

回去继续努力工作吧。你已经搞砸了！

第31章

找准你的节奏

你的策略是什么？

“成功的创业公司拥有一堆天使投资人，但是失败的创业公司孤立无援。”

关于创业成功的理论有很多，从“这都是时机的问题”到“投资重在挑选创始人”，再到“市场营销成就创业公司”，或者其他类似的东西。

我们人类很喜欢为复杂而随机的系统创造统一的理论，因为我们生活在围绕着太阳转动的星球上，而太阳只不过是茫茫未知宇宙中无数恒星中的一颗，我们害怕任何小问题。

我们为一切东西制定了条条框框，包括生命的意义（“一切都是虚无的”[①])、人类的意识(我们生活在一个模拟器中[②])、如何制作电影(冲突、角色、表演、对白)、如何为人父母(教育孩子要以身作则),所以不难想象我们为什么要花费这么多精力来弄清楚这两个人能够在车库里面利用他们的创意来改变世界,而另外两个人在几个街区之外同样的车库里却什么也改变不了,除了他们自己领英上的个人介绍。

我们创造的这些理论很多都是人们未意识到的认知偏见的产物,包括“确认偏见(confirmation bias)——当人们持有某种观点的时候,他会寻找和记住更多证据来支持这一观点(果然有效!)——以及“负面偏见”(negativity bias)。当我们做决定时,负面的、消极的回忆比正面的、积极的回忆对我们的影响更大。

例如,如果你投资一家互联网图片分享网站失败了,那基于你对图片分享的负面偏见,你会立即拒绝掉 Instagram 这只独角兽,绝不会去想“现在时机如何?”——现在的手机具有性能强劲的处理器以及高分辨率的照相机,再加上各种相片滤镜,能够让这个星球上每个人都变成一位专业的摄影师。

Instagram 能够爆发是因为它让每个人都能方便地创作出棕褐色的怀旧风格以及背景虚化的浅景深相片,而不需要花费 5000 美元买专业的相机、昂贵的镜头、存储卡、读卡器以及浪费几个小时在 Photoshop(也需要几百美元)上进行后期处理。

---

① 这是美剧《黑道家族》第二季第 7 集里面的一句台词,丽维亚对她的孙子小安东尼说:“It’s all a big nothing。”——译者注

② 这是埃隆·马斯克说过的一句话:“We’re living in a simulation。”——译者注

我们现在认为理所当然的事，当时可算得上是神奇。

让子弹飞一会，因为基本上你每次做投资决定的时候都会面临这种问题，有时你的偏见在不知不觉中就被触发了。

请记住，相对于你清楚看到的东西，我们会有更多的盲点存在，你必须抛弃以前的一些成见才能成为一名成功的天使投资人。

投资创始人

我总是和别人说，我不需要知道你的产品能否成功，我只需要知道你能否成功。如果在天使投资领域中我有什么天赋的话，那就是我很善于识人，知道创业者能获得多大的成功。

这可能与我多年以来在牌桌上总是试图找出最厉害的那个人有关，虽然经常失败。

牌桌上其他的一些技巧也适用于创业公司，包括“缩小对手的底牌范围”，即在扑克游戏中，你与某个人玩了几个小时之后，你应该能够根据他们的叫注决定（下注、加注、全押）以及肢体动作（玩筹码、身体前倾或者后仰、突然沉默或者滔滔不绝、喝水等）缩小他们两张手牌的范围。

扑克技术是艺术和科学的结合体，因为那些扑克高手知道一些常见的马脚（tell[①]）：当拿到好牌时，他们会做一些常见的弱牌马脚

① tell 是指扑克玩家的一些语言或者肢体动作，往往是下意识的行为，这些行为往往透露玩家牌力的强弱。除了马脚之外，还有人管 tell 叫破绽或者暗示。——译者注

（滔滔不绝地说话，或者把身体前倾到筹码上方）来误导你；当他们拿到弱牌时，他们会表演得像拿到了好牌（后仰以及沉默是常见的强势牌马脚，就像一个来自得克萨斯的家伙戴着顶大帽子，背靠着椅子，嘴里叼着根烟，脸上带着“放马过来吧，有胆就跟注，看我怎样打爆你的头”一样的表情）。

在创业游戏中，我们通常不会有这种误导行为，但还是有很多小动作和花招。例如，Theranos 的创始人伊丽莎白·霍尔姆斯（Elizabeth Holmes）会经常像史蒂夫·乔布斯那样穿黑色高领毛衣。另外与比尔·盖茨和马克·扎克伯格一样，她也是从大学辍学。她宣称可以利用从针刺手指取出的微量血样进行血液检测，而不需要从你的手臂上抽取一瓶又一瓶的血液。

当发现霍尔姆斯无法演示她的技术时，一些聪明的投资人就拒绝了她。他们没有被她的花招所欺骗。当他们提出要看看她的技术时，她推脱这是商业机密，这显然（但也许是无意识的）与乔布斯的做法很相似。乔布斯以设立各种秘密实验室、严格的保密协议以及安全流程为新产品制造神秘的氛围而闻名。

但是有很多同样聪明的投资人在霍尔姆斯身上栽了跟头，他们正在做一件你在硅谷从来没有见过的事情：起诉自己投资的公司。起诉一家创业公司是特别罕见的，因为这种诉讼很难赢。

设想一下，每位以创投为生的人都会有一串长长的失败经历，这说明他们充分知道风险有多高。我们签署的所有文件，创业大会上的所有面谈，以及行业的所有统计数据都清楚地告诉你，绝大部分的投资项目都会失败，只有很少，甚至可能只有一项投资能够给你带来回报。

法官或者陪审团难道会相信一位专业的投资人不知道投资一位从未经营过公司的大学辍学生的风险？何况她还宣称自己拥有了一项绝密的、其他主要血液检测公司研究了几十年都没有掌握的、用一滴血就能检测疾病的技术。

即便是 O.J. 辛普森的陪审团在太阳底下喝得醉醺醺的，也不会站在投资人一方，除非他们能够看到大量不可否认的欺诈证据。

所以一位理智的投资人起诉他所投资的创业公司的唯一动机是，他觉得自己被故意欺骗了。这就是为什么尽职调查很重要，特别是对于有真实数据可以验证的后期投资。但是请记住，在 Theranos 这个案例中，霍尔姆斯使用了“保密”这种乔布斯式的“马脚”来避免向投资人展示自己的技术。

很显然，有些投资人被蒙住了，没有看到技术就直接投资了。

那么投资人该如何避免投资霍尔姆斯这样的人呢？其实很简单：坚持要求与在血液检测领域工作、和 Theranos 签订了保密协议的人一起观摩技术。这是一个完全合理的要求。

如果 Theranos 拒绝你的要求，你就要尽早抽身而出，因为谁又想与一个没有任何创业经历、不充分相信你、不让你看到所投资的东西的创业者纠缠不清呢？这就像一位从来没有拍过电影的导演告诉制片人：“不，我不能给你看剧本，即便你投资了这部电影。”

真是活见鬼！

现在 Theranos 已经针对一小部分疾病发布了产品，那就有一种更简单的方法来检验它：随机地去一些提供 Theranos 检测的药店进行相关的检测，然后把检测结果与传统血液检测的结果进行比较。

具有讽刺意味的是，这正是曾为史蒂夫·乔布斯打工的苹果公司前高管让–路易·加西（Jean–LouisGassée）所做的事。

他的测试结果显示 Theranos 的检测根本就没用，但是霍尔姆斯从没有对此进行过回应。

我们再回头来聊聊扑克。这里我可以举出很多扑克中的例子，但是下面我要讲的是最简单的一个，即便你不玩扑克也能够明白。

假设你正在与别人玩扑克，对方过去三个小时都一直在观望，没有玩过一手牌。这种是属于风格很紧（tight）的玩家，他们只参与最好的手牌（也就是一对 A 或者一对 K，或者一个 A 和一个 K）。当他们迫不及待地第一个下注，然后加注，如果你再加注，他们立即跟进的时候，你觉得他们手里是只有一个 5 和一个 8，还是有一个大对子，例如一对 A、一对 K、一对 Q、一对 J 或者一对 10 呢？

他们等待了几个小时，难道就是为了玩一手烂牌，比如 5 和一个 8？

如果翻牌（首三张公共牌），出来后是 A、6、7，然后他们又加注了，那你会觉得他们手里有什么？他们等了几个小时就想拿 5、6、7、8 凑一个顺子吗？当然不是。

大部分扑克玩家都是很容易被看穿的。他们所玩的是 ABC 扑克，也就是说他们总是按照标准的策略来玩牌。大概只有排名前 20% 的玩家是高级选手。

伊丽莎白·霍尔姆斯就是那些复杂的，有时甚至是病态的排名前 20% 的创业者代表：他们为了成功不惜一切手段，从装腔作势到彻底地欺骗投资人。

不管如何，詹妮弗·劳伦斯（Jennifer Lawrence）将在亚当·麦凯（Adam McKay，《大空头》的导演）的电影中扮演她。我希望能够在这部电影中客串一位天使投资人，当她告诉我不能看她的技术时，我会笑着拒绝掉这笔投资。

这也许真的能发生哦。

“创业公司以人为本”理论的另一方面是有些创业者有特别强的专注力和执行力。扎克伯格之所以能够成功，不仅是因为他的远见，还因为他有超人的专注力，就像终结者一样。

扎克伯格可以看到 Friendster 和 MySpace 在社交媒体中是如何做的，然后他能够在每一个功能上做得都比它们好 20%~50%。脸书网站的速度明显更快，网页设计也更容易被人理解。

然后他通过禁止用户在注册之前看别人的个人资料，把注册流程提升了 50%，通过构建一个更好的动态消息算法（受推特的启发），把整个服务提升了 100%。

这之后，他又改进了动态消息的排序算法，按照点赞以及评论数量（例如活跃度）进行排序，这比推特按照时间先后排序提升了 50% 的体验。这就是为什么当你打开推特的时候，你会看到一堆过去 15 分钟内随机的推文，但是你打开脸书的时候，你最先看到的是婴儿出生公告、讣告，以及最流行的病毒式传播视频，从中你也可以知道你哪些朋友喜欢看憨态可掬的熊猫在泥巴里打滚。

值得注意的是，扎克伯格和霍尔姆斯都是从大学辍学的。

值得注意的是，扎克伯格和霍尔姆斯都喜欢每天穿简单的不变的着装，扎克伯格穿的是连帽衫和灰色T恤，霍尔姆斯穿的是乔布斯式的黑色高领毛衣。

值得注意的是，扎克伯格和霍尔姆斯都相信自己在创建世界上最重要的企业。

但不同的是，扎克伯格把他的工作公之于众，向投资人以及媒体解释他们正在做什么以及为什么要这么做。经过几年对产品的持续改进之后，大家都能很清楚地知道很少有人能够像扎克伯格这样专注于持续改进和提升自己的产品。

扎克伯格可能不是我们见过的最有创造力的创业者，但是他肯定是最持之以恒、最令人恐惧的。就像阿诺德·施瓦辛格扮演的终结者一样，大家都知道扎克伯格永远不会停下脚步。

投资解决具体问题的创业公司

“你解决了什么问题？”这是风险投资人经常问的一个问题，有时也可能这样问：“你的创业公司是生产维生素还是止痛药？”“你解决了什么痛点？”

世界上很多伟大的公司都是建立在为人们消除生活中某种痛苦的承诺之上的。有时候人们会遇到很大的问题，他们需要找到某种解决方案。

20世纪80年代后期，当我在曼哈顿开始工作的时候，所有的律师事务所都有一个很大的邮件收发室，有很多投递员，他们要带着一堆文件满曼哈顿跑。对于我这样一个为律师事务所搭建计算机网络的人来说，这是一个很值得参观的地方，因为我知道它们马上就要消失了。

我的第一份工作就是在局域网里面搭建“文档管理”系统。

当我到一家律师事务所参观的时候，我了解了一下他们如何签订合同，大概流程是这样的：律师会在纸上起草文件，或者口授给他们的秘书，然后秘书拿着文件去打字室，正如你想象的一样，这个房间里面都是打字员，由他们把合同打印出来。

最终的草稿被审核后会送到复印室，这里满屋子都是复印机。这些文件在最终由那些吃了兴奋剂一样的投递员蹬着自行车送往曼哈顿各地之前，还需要用磁带对其进行归档和备份。

签署之后的合同副本以及所有修订都会回到律师事务所，然后送往皇后区某个地下室或仓库中的文件柜进行保存。

我们安装的文档管理软件以及电子邮件系统为律师事务所解决很多这样的问题，以至于每个事务所每年都愿意花几千美元来安装和维护这些系统。

有了局域网内的这些系统之后，律师们节省了一大笔钱。

我们举行各种派对，发奖金，每天晚上坐着豪车回家，每个月老板带着我们以及客户去脱衣舞俱乐部狂欢，扔几千美元给脱衣舞女郎。

我们解决了客户的很多痛点，并因此赚得盆满钵满。我们消灭了打字室，减少了一半听录秘书，因为律师自己开始剪贴文档。我们提升了律师自身的能力，为他们做了一些通用文档的模板，他们只需要填空。

我能够继续讨论我们方案的重要性，因为事务所的高级合伙人会来与我们洽谈，讨论软件和网络的方方面面，以及各种功能。是否支持两个人同时对一个文档进行编辑？在洛杉矶的合伙人可以远程编辑这个文档，还是需要用软盘快递给他？

每天他们都在与各种问题打交道，而网络以及软件能够迅速地为他们解决麻烦，因此他们愿意拿出足够的预算来聘请 IT 员工，超过了员工总数的 10%。

当你看到一家创业公司正在开发第八十九款图片分享 App 时，你应该问自己，这样真的解决了任何重要的痛点吗？

我喜欢把痛点分为两类：印第安纳·琼斯（Indiana Jones）[①]或路易斯（Louis C.K.）[②]式的。

不知道你是否还记得印第安纳·琼斯的第二部电影（《夺宝奇兵2：魔宫传奇》）。在有史以来最伟大的电影开场中，印第安纳与黑帮进行交易时，在一张餐桌转盘上用一颗巨大的钻石交换努尔哈赤的骨灰后，黑帮告诉印第安纳，他刚刚喝下去的是毒酒，而唯一的解药在他们手中，他必须把钻石还给他们来换取解药。

抛开电影情节中的巨大的逻辑漏洞不谈，只考虑这样一个问题，有人喝下毒酒之后，别人手中刚好有解药。

---

① 印第安纳·琼斯是《夺宝奇兵》系列电影中的虚构人物，也是该系列作品中的主角。——译者注

② 路易斯是美国著名的影视及脱口秀演员。2008 年曾在《柯南·奥布莱恩深夜秀》节目中吐槽现代人都是被科技宠坏的白痴，虽然享受着各种神奇科技带来的便利和舒适，但总是因为一点点小事而不开心。——译者注

这就是为什么响尾蛇的毒液这么贵，制药公司这么令人讨厌，因为它们会把救命药卖得特别贵。

绝大部分创业公司都不能让别人起死回生，如果你找到一家这样的公司，立即放下书，给我发电子邮件（jason@ calacanis.com）。

当然，有些创业公司正在致力于解决一些在长时间内能够降低死亡率的问题，但是他们并不像印第安纳·琼斯例子中的那么重要。这些公司包括优步和特斯拉，我预计它们正在开发的无人驾驶汽车技术，能够把美国交通事故的死亡人数从现在的每年 3 万多人减少到 30 年后的 30 人。

短期或者长期内降低死亡率当然是很崇高的目标，但是有些创业公司的工作更加务实，例如能够让你查看文档的各个版本，或者能够让千里外的人实时对一个文档协同工作。

微软这些年以来有两个主要的现金牛，Windows 和 Office。后者包括 Word 和 Excel，因为能够解决我所提到的那些实实在在的痛点，所以挣到了数十亿美元的收入。

当然，Office 自身也创造出来一系列新的痛点，最值得注意的是把文档保存在本地脆弱的硬盘上，经常会失败或者被病毒破坏，从而导致很多重要文档的丢失。这些痛点给很多新的创业公司带来了巨大的机会，包括外置硬盘、杀毒软件和备份软件。

最终，当带宽和存储的成本直线下降之后，Dropbox 率先推出了一种能够解决文档丢失问题的方案：云存储。

在短短 10 年内，Dropbox 以及它的竞争对手 Box、Amazon Web Services（AWS），为投资人创造了数百亿美元的价值，同时为消费者解决了大量的痛点（如文档丢失）。

现在，云存储也带来了一系列新的问题，这些问题又会激发一堆创业公司来解决。到目前为止，云存储带来的最大的两个问题，第一个是云端数据的安全，对于那些没有打开两步认证（two-factor authentication）的用户，容易导致商业机密的失窃以及遭受勒索。

第二个问题是对云端海量数据的检索和排序。

但是，你觉得这些问题有以前那些问题那么严重吗？它们能解决更多的痛点吗？也许不一定。技术公司已经围绕文档相关的问题研究了半个多世纪了，所以很多问题现在已经没有那么严重了，并且也更少见了。

这就引出了路易斯在《柯南·奥布莱恩深夜秀》上搞笑的模仿秀，他阐释了为什么“现在所有的事情都棒极了，但是没有人感到高兴”。路易斯知道以前人们如何处理事情，例如在信用卡能够使用之前，人们是如何从银行取钱的（走进银行然后慢慢排队）。

对于那些1990年以后出生的人来说可能没有经历过这样的事情：你把你的信用卡给服务员，他会用笔在复写纸的表格里填上你的姓名和卡号，然后用一台中古世纪的机器把你卡上的信息压印到纸上（可能需要来回压三四次），然后给信用卡公司打电话，人工接线员会告诉服务员一个授权码。

这个过程可能需要十几分钟。我之所以知道这些，是因为80年代我曾经在我父亲的酒吧里面干过这种活。

当然，所有那些复写纸的表格都需要分开并且邮寄给信用卡公司，信用卡公司会把钱汇给酒吧，并且把纸质的账单通过邮局寄给持卡人。作为持卡人，你可以拿出支票簿，写一张支票放在信封里面寄给信用卡公司。

今天，你只需要刷一下卡或者手机就能消费；你可以通过电子邮件来接收账单，钱通常会直接从你的银行账户里面扣除。所有这些都可以在你站起来离开餐桌之前完成。

十年之后，你将不需要携带任何现金或者信用卡，结账时刷眼睛虹膜就可以。亚马逊已经在无人结账商店实现了这个。路易斯在最后结束他的模仿秀时又讽刺了一把人们在享受高科技时是多么的理所当然——有一次在飞行中，飞机上的网络断掉了，他的邻座就总是在那里喋喋不休地抱怨。

机上上网服务是一个典型的不重要的问题，但人们认为它是重要的问题。当然，人们会说他们愿意为机载 Wi-Fi 支付费用，数亿美元会投资到提供机上上网服务的公司，但事实是，消费者撒谎了。

消费者曾经对于在飞机上能上网非常兴奋，他们说愿意为此买单。投资人和创业者也很兴奋，但是当创业公司开始为他们提供每个小时 5 美元的上网服务后，大家就不买单了。

事实上，几个小时不能上网对于大家来说并不是一个很严重的问题——这刚好是一个能够离开网络的喘息机会。另外，人们很快就学会了在去机场之前，在家里利用没有限制的网络往他们的设备里面下载满游戏、电影、书籍、播客、音乐、有声读物等。

机上上网服务反映了投资人和创业者存在的确认偏见，因为他们倾向于相信广泛采用的数据（调查、移动订阅用户、拨号订阅用户、机票及机上上网的价格等），但是忽略了显而易见的事情：多年以来，人们一直说在飞机上他们喜欢阅读、睡觉和看电影，而这些并不需要网络。就像在飞机上打电话一样，以前在每个座位的后面都有，但是这个痛点并不足以深刻以及频繁到让人们愿意为其买单。

画一条横轴和一条纵轴，分别标上“痛点强烈程度”和“人们感受到该痛点的频度”。右上角的是强度很大并且经常遇到的痛点；左下角的是强度较小并且不经常发生的痛点；剩下的就是强度很大但是不经常发生的或者强度较小但是经常发生的痛点。

我们可以把不能上网这个痛点放到左下角，虽然我们经常觉得它好像是在右上角。

现在存在很多愉悦客户的产品，如迪士尼乐园、冰激凌和电影，它们能够让人们产生严重的依赖性，但并不减轻任何痛苦。

你可能从来不会说“我现在很痛苦，因为没有玩过山车”或者“我必须立即去吃个冰激凌！”

我唯一一次想看电影想到全身痛是《星球大战 5：帝国反击战》，我翘了三节课，中午就离开学校，跑到布鲁克林的 Fortway 电影院，坐在第一排。我父亲接到我高中学校的电话后直接开车到电影院，他知道我一定在那里。

当他找到我，招手示意我过去时，我以为他要狠狠抽我两下。我已经做好了挨打的思想准备，因为我以前就挨过一两次他的打。当看到他从口袋里掏出 40 美元时，我感到异常惊喜，“给你兄弟他们也买张票，以后不要再逃课了”。

与我父亲打交道总是交杂着愉悦和痛苦，我将在另外一本书里来讲述这些。

投资快乐

正如我所说过的，有些创业公司的产品能给大家带来很多欢乐，以至于人们都离不开它们，并且愿意为它们支付额外的费用。这些创业公司掌握了定价权。定价权是商业世界里面最神奇的东西，因为它非常稀有，而且能够带来巨大的回报。

带来快乐的创业公司与解决问题的创业公司刚好相反，经常可以听到投资人问："你的创业公司是维生素还是止疼药？"

苹果公司生产的产品又漂亮又能给人带来快乐，即便是比竞争对手的产品晚几年，也能获得巨大的溢价。安卓手机有更好的硬件配置、更好的功能，但售价还是比苹果手机便宜几百美元。其他非苹果公司的笔记本电脑或者耳机也是如此。

当苹果公司发布采用漂亮的拉丝铝壳的 Cinema Display 显示器时，我们也看到了同样的情形，虽然它的价格是戴尔同等质量显示器的两倍。苹果的粉丝们愿意花 1000 多美元去买这款带着性感标志的显示器。真是疯了！

有一个简单的工具可以用来衡量某个创业公司的产品能给人们带来多大的快乐，即净推荐值。你以前可能也参加过净推荐值调研。净推荐值衡量的是客户向其他人推荐公司产品或者服务的意愿。聪明的创业者利用净推荐值调研的反馈来改善它们的服务，促进公司的发展。

投资市场潜力

有些投资人认为是市场造就了创业公司。他们看到保险、食品、交通等行业的规模非常庞大，并且说："技术将极大地影响到这些行业，我们应该寻找在这些领域创新的创业公司。"

如果你觉得食品行业已经足够成熟而无法撼动时，你可以看看人们想食用更多蛋白质的大趋势，特别是红肉，或许可以找到一家生产合成汉堡的公司或者掌握了3D打印牛排技术的人。你还可以考虑蛋白质替代物，例如我曾经考虑投资的一家创业公司，他们致力于生产蟋蟀蛋白粉（做出来的饼干味道很好）。

其他人在考虑交通行业，他们看到汽车有95%的时间都是闲置的，因此他们得出结论认为人们将不再需要拥有汽车，共享汽车将是趋势。他们觉得优步或者Zipcar（网上租车公司）可能会是这个行业的大赢家。但是从这两家公司的表现来看，你可以发现它们的理念非常不一样。前一种解决方案中，别人把你从一个地方送到另外一个地方，而后一种方案中，你能够短时间内租用一辆汽车，你自己驾驶、停泊。后面这种方式更加接近于让人们自己拥有一辆汽车，因此看上去可能更容易让人们接受，但实际情况刚好相反——人们不仅想放弃汽车的所有权，他们甚至不想自己短时间租用一辆汽车。

这就是为什么在我看来，市场策略不如创业公司的创始人和问题理论有效。

好消息是，你没必要挑选了一个理论后就一直在一棵树上吊死。你可以全面考虑，把所有这些理论都用在创业公司运营上，看最后哪种理论能够起作用。然后说服自己忽略你不喜欢的理论，跟着你的感觉走。

第 32 章

何时结束天使投资

写这本书是我生命中最具反思价值的事情。我很高兴地告诉我的文学经纪人以及老师约翰·布罗克曼（John Brockman），我想“再大赢一把”后才出书，因为当我编写自己的剧本时，我会问自己是否还想继续从事这一行。

这就是为什么你没有看到任何天使投资方面的书籍或者很多职业天使投资人。事实上，只有很少一些人能够从事天使投资 10 年以上，我是第一批这样的人中的一个：埃斯特·戴森（Esther Dyson）、马克·库班、斯图尔特·奥尔索普（Stewart Alsop）、米奇·卡普尔（Mitch Kapor）以及罗恩·康韦，这些人我认为他们永远不会停止天使投资。

正如我们所知，天使投资是一种很特别的职业，因为如果你是一名合格的天使投资人，那你肯定能胜任风险投资人，风险投资人的生活要简单得多、财务回报也更多。

天使投资项目的死亡率在 80%~90% 之间，这让你的生活更像是一位临终关怀工作者，而不是金融精英。风险投资人能够快速地顺流而下，所以他们项目的死亡率只有天使投资人的一半，甚至更少。

是的，因为风险投资人能够把更多的钱投入更少的项目中，他们没有那么多人要见面，也没有那么多项目需要谈判。他们比天使投资人投的项目少，他们在少量的项目上投更多的钱，获得更高的收益，并且能够收取管理费。

这些管理费是公司的有限合伙人每年预付给风险投资人的，用来支付他们的薪酬和运营开支。通常是募集资金的 2%~3%，每年都需要支付。

多年以来，我经常被邀请加入一些风险投资公司，这可以让我挣到更多的钱，并且没有任何开销。唯一的要求是我每年需要做一两个新的投资项目，并加入六七家创业公司的董事会。这样我也可以夏天和冬天都休息，飞到意大利和阿斯彭度假，还可以……我真应该去做风险投资。

我为什么最终没去做呢？坦白讲，虽然我很喜欢做一位天使投资人，但风险投资还是对我有诱惑力的，甚至是极大的诱惑力。我为什么不能多花点时间陪我的小孩，少花点时间去拼命挣钱呢？为什么不站在篮球架下，等着另外一个贾森·卡拉卡尼斯把球带到篮下，我再去扣篮，拿下全队最高分、获得最多的奖金呢？

天使投资人最大的危险是：成功。如果你大赢一把，你将会退出这个行业，几乎所有人都如此，因为我碰到下一个优步的机会几乎没有（这是十年才能遇到一次的机会），而我碰到下一个 Thumbtack 基本上是板上钉钉的事，10 亿美元级别的退出是无法与 500 亿美元或者 1000 亿美元的退出相提并论的。

但是回到你自己，如果你按照我在本书中介绍的方法来投资，通常就是投 30 个创业公司，前面 10 个是 1000 美元的联合投资，接着是 20 个 25000 美元的投资，然后再给你投资组合中最好的 5 个创业公司每家追投 10 万美元。

在这种情况下，你将投 51 万美元到你的前 30 个项目中，然后在里面挑选最好的几个，再给它们投资 50 万美元。你总共将投出超过 100 万美元。

投资亏损

如果你投资的项目 90% 都失败了，那 5 个最好的项目也只是很一般的退出，刚好能够收回在这几个项目上的投入，也就是说你投资了 100 万美元，只收回了大概 50 万美元，亏损了 50 万美元。对于一个高净资产的人来说，这些亏损并不算多，可能只占你全部资产（500 万 ~1000 万美元）的 5%~10%。你很有钱，你在股市中的投资每年只要有 5% 的收益，就可以轻松弥补这 50 万美元的亏损。

你可以研究你的投资策略，在接下去的 30 个投资中你可以使用相同的退出策略，或者优化相关策略以便做得更好。当然，从过去三五年的天使投资中你可以学到很多东西，能够帮助你在以后的投资中做得更好。

如果你对天使投资已经感到筋疲力尽，但是对创业公司仍然痴心不改，那你可以加入一家风险投资公司，拿到 50 万美元的起薪，因为你与很多创业者有良好的关系，你可以把这段天使投资的经历作为对自己的一种投资，就像你投资自己去获得本科和研究生的学位一样。

投资盈亏平衡

很多天使投资人获得了经验值，他们学到了很多东西，最终没赚没赔，但是建立了自己在这个领域的人脉和知识体系。有点像你去拉斯维加斯度周末，玩了几个小时的掷骰子或者 21 点，获得了免费赠送的房间和很好的食物。最后整个行程免费吃住，你也没有输一分钱。

现在你有机会选择继续做天使投资，或者加入一家公司，甚至可以加入你投资收益最高的公司的管理层或者董事会，当你帮助该公司发展壮大时，你可以拿到 1%~2% 的股份，以及不错的薪酬。

这在天使投资和风险投资圈里是司空见惯的，当投资人厌倦了无聊的投资后，他们会想参与到创业公司中去。凭借着你与所投资的最好公司的合作经验，你能够与新的创业者达成很好的协议，同时你也能够获得很不错的收益。

投资获得 2~5 倍的收益

在这个场景中，如果你一年之内投资了 100 万美元，你可以对最好的五家公司追加投资，并从每家公司获得 4~10 倍的收益，或者其中一家公司能够带来 50 倍的收益。在硅谷，50 倍的收益并不常见，但是 4~10 倍的收益随处可见（请记住，你必须到硅谷来投资，在这里你每手牌的第一张总能摸到黑桃 A，详见第 6 章）。

如果你获得了这么多收益，那你不仅能够加入某家你投资的创业公司并获得董事会席位，或者加入某家风险投资公司，你还能够有足够好的投资记录来募集自己的基金。你可以把你的收益数据分享给你周边的有钱人，这样能够扩大你将来的投资。募集你自己的基金不是本书的内容，因为我只募集过一支 1000 万美元的小基金，所以我并不适合写这方面的书。

投资获得 5~100 倍的收益

恭喜你！很有可能你其中的一个投资变成了超新星，从中你获得了两三百倍甚至 400 倍的收益。有一家公司你投资的时候估值 400 万美元，最终以 50 亿或者 100 亿美元的价格卖掉或者上市了，你获得了 2500 万到 1 亿美元的收益。

这是一大笔钱，只要你不离婚，不沉迷于私人飞机或者游艇，你一辈子都够用了，你的孩子也将会有自己的信托基金，能够上自己想要上的大学，更不用说能够得到他们有钱的父母的庇护。

当你在感叹生命的无常时，别忘了吸取你在前 30 个投资中收获一次本垒打的经验。你并不完全是走了狗屎运，但你的运气的确很不错，因为你的 30 个投资可能与其他亏损或者盈亏平衡的投资人并没有太大区别。事实上，去掉每个人最好的那个投资，绝大部分天使投资人的回报率都差不多，如果是去掉每个人最好的前三个投资，那大部分天使投资人的回报率都一样。

如果你收获了一次这样的本垒打，你将成为我们行业中的传奇，你就可以为顶级的公司工作，或者像我一样自己成立孵化器，创业者和投资人都将趋之若鹜，就好像你拥有了点金术一样——即便我们都知道没人有这样的特异功能。

生命是随机的，但运气不是。

机会青睐有准备的人，运气好的人总是让自己与世界上最成功的人为伍，并善于抓住机遇。这并不是很难，也并不是不可能，只需要你努力地工作。

努力去工作吧。

相信我，去做就是了。

致 谢

感谢我的经纪人约翰·布罗克曼，耐心地为我的工作、生活以及写作提供建议。马克斯·布罗克曼以及布罗克曼公司的团队一直都非常专业，并给我提供很多支持，我很荣幸能与这样的团队合作。

多谢布莱恩·阿尔维，他花了整整 19 天来指导我写这本书。他认真地组织手稿，当我思绪脱缰时，他坦率地提醒我要好好控制。更重要的是，布莱恩已经是我 30 年的老朋友，从布鲁克林的湾脊到旧金山的湾区。我期待我们的友谊能再持续 30 年。

多谢我聪明的、可爱的、给予我大力支持的妻子杰德，她一直以来都悉心照顾着我们的双胞胎女儿以及两条斗牛犬，并且她们都搬到我们的新家去住，给我留出一个安静的环境，让我每天能够多写几页书。

我的两位兄弟，杰米和乔什，一直都关心着我——我为人人，人人为我。

我在本书正文开始之前感谢过我的母亲，但我需要在这里再次提到她，是她教会了我如何努力工作并保持谦逊——并且不要说那么多脏话。

我要特别感谢我团队里现在及以前的成员，他们与我并肩战斗，一起支持创业、鼓励创新，包括但不限于泰勒·克罗利、朗·哈里斯、杰森·克卢特、布莱斯·米兰、阿什利·怀特赫斯特、路加·莱特宁、杰森·德曼特，艾美奖制片人获得者雅基·迪根以及艾略特·库克。

我要感谢很多导师和朋友，包括鲁洛夫·博塔，他把我带上投资这条路；戴维·萨克斯和纳瓦尔·拉维肯特，是他们告诉我应该创立一只基金；还有弗雷德·威尔森，他是《硅谷报道》第一支广告的买主。我还要感谢比尔·李，他告诉所有人都来支持我；查马斯·帕里哈比提亚，每次我想找他聊聊，他总是有求必应；大卫·戈德堡，他睿智的建议总能让我保持冷静。

我最应该感谢的是那些让我加入他们创业之旅的创业者，特别是优步的特拉维斯·卡兰尼克以及加勒特·坎普，是他们让我看起来比以往任何时候都聪明。

俗话说：独脚难行，孤掌难鸣。当我职业生涯过半时，我可以肯定地告诉你，这是我所知道的最正确的话。